Deutscher Spurbuchverlag

Die Deutsche Bibliothek - CIP-Einheitsaufnahme

Gunther Vorreiter:
Die Heilenergie der Edelsteine: Versuch einer
naturwissenschaftlichen Deutung und Untersuchung / Gunther
Vorreiter. - Ungekürzte Ausg., 1. Aufl. - Baunach :
Dt. Spurbuchverl., 1994
  ISBN 3-88778-192-9

Ungekürzte Ausgabe
1. Auflage, Juni 1994
Alle Rechte bei Deutscher Spurbuchverlag, Postfach 20,
96148 Baunach. ISBN 3-88778-192-9

Gedruckt auf chlorfrei gebleichtem Papier.

Fotos: Foto Hochleitner / Archiv LAPIS
Sternzeichen: Klaus Hinkel, Augsburg
Umschlaggestaltung: Thomas Reinert, München.

Gunther Vorreiter

Die Heilenergie der Edelsteine

Versuch einer naturwissenschaftlichen
Deutung und Untersuchung

Deutscher Spurbuchverlag

Dipl.-Ing. Gunther Vorreiter

Geb. 1930 in Gablonz/Sudetenland
Studium Geologie und Bergbau
Technische Hochschule Stuttgart
und Bergakademie Clausthal
1956 Diplomexamen
Dipl.-Ing. (Bergbau)

*Durch Bergbau angeregt Beschäftigung mit bergbaugeschichtlicher Entwicklung der Radiästhesie * (Aufsuchen von Lagerstätten mit der Wünschelrute), ab 1981 Ausübung von YOGA. Studium des naturwissenschaftlichen Hintergrundes der mit YOGA zusammenhängenden energetischen Prozesse. Radiästhetische Versuche u. a. mit Resonanzenergiemeßverfahren. Vorträge hierüber und über alternative Heilmethoden bei Yoga-Seminaren im In- und Ausland.*

* Der Begriff „Radiästhesie" ist eine 1930 entstandene künstliche Wortschöpfung aus dem lateinischen Wort „radius" = Strahl und dem griechischen Wort „aisthanomai" = empfinden, fühlen. Es bedeutet „Strahlenfühligkeit". Man versteht darunter die Fähigkeit von Wünschelrutengängern Strahlungen wahrzunehmen, die von beliebigen Objekten ausgehen, z. B. von Wasser- oder Erzadern.

Widmung und Dank

*Dieses Buch ist meiner Frau Uta gewidmet. Sie
und unser Yoga-Lehrer Dr. Gabriel Plattner, dem
mein besonderer Dank gilt, gaben mir entscheidende
Impulse.*

*Danken möchten ich ebenso dem Verleger Klaus
Hinkel und den vielen „guten Geistern", die an der
Gestaltung dieses Buches mitgewirkt haben, vor
allem Thomas Reinert, Dr. Rupert Hochleitner
und Birgit Koch, nicht zuletzt aber auch Holger
Jürgenliemk, der mit der Herstellung der Kontakte
zum Verlag das Ganze in Gang setzte.*

Penzberg, Mai 1994

Gunther Vorreiter

Die Wohlordnung des Seienden
vermögen wir nur zu erkennen oder vielmehr zu erahnen,
indem wir mit den „Augen des Herzens" sehen.

Jean E. Charon

Inhaltsverzeichnis

Vorwort

Das verwirrende Angebot an Literatur über „alternative" oder „sanfte" Heilmethoden macht es dem Suchenden nicht gerade leicht, die für sein Informationsbedürfnis richtige Auswahl zu treffen. Dies gilt auch in besonderem Maße für die „Edelsteinmedizin". Warum also noch ein Edelsteinbuch? Die Antwort ist einfach: Die Faszination, die von allen Steinen ausgeht, insbesondere von edlen Steinen oder Kristallen, ist seit Jahrtausenden ungebrochen. Sie waren schon immer ein Zeichen für Unvergänglichkeit, Träger geheimer Kräfte und Symbole. Seit den Anfängen der Menschheit werden sie an heiligen Stätten aufgestellt, als Talisman, Zeichen der Macht und zu Heilzwecken benutzt. Könige tragen sie in Szepter und Krone, Priester in Ringen und auf Amtsschilden. Ist dies alles nun Aberglaube oder nur Demonstration von Reichtum und Macht? Sind angebliche Heilwirkungen Einbildung oder gibt es tatsächlich geheime Kräfte, die hier im Verborgenen wirken? Bei welchen akuten oder chronischen Störungen im physischen und psychischen Bereich kann man Steine mit Aussicht auf Erfolg wirklich einsetzen? Die einschlägige Literatur gibt hierzu keine oder nur unzureichende Antworten. Mit diesem Buch soll versucht werden, über die Erkenntnisse der modernen Physik einen Zugang zum Verständnis der betreffenden Phänomene zu gewinnen und sich kritisch damit auseinanderzusetzen.

Dem interessierten Laien soll eine Aufklärungs- und Informationsquelle geboten werden.

Den ernsthaft mit „Steinheilkunde" befaßten Praktiker möchte dieses Buch anregen, sich über die Methode des „Resonanzmeßverfahrens" präzisere Anwendungsmöglichkeiten zu erschließen und Fehler zu vermeiden.

Für den Einsatz von Edelsteinen zur Lösung krankheitsbedingter Blockaden könnte es ein nützlicher Ratgeber sein.

Die 39 bekanntesten Edelsteine werden anhand ihrer wichtigsten mineralogischen Klassifizierungsmerkmale vorgestellt. Sie wurden bezüglich ihrer möglichen Heilwirkung mit Hilfe der „Resonanzmeßmethode" untersucht. Die ermittelten Anwendungsbereiche sind aufgelistet.

Die wichtigsten für Heilzwecke eingesetzten Edel- und Schmucksteine (39):

Achat	Lapis Lazuli
Amethyst	Magnetit
Aquamarin	Malachit
Aventurin	Mondstein
Bergkristall	Moosachat
Bernstein	Onyx
Beryll	Opal
Chalcedon	Perle
Chrysolith	Pyrit
Chrysopras	Rhodochrosit
Citrin	Rhodonit
Diamant	Rosenquarz
Edeltopas	Rubin
Granat	Saphir
Hämatit	Smaragd
Heliotrop	Tigerauge
Jade/Nephrit	Turmalin
Jaspis	Türkis
Karneol	Zirkon
Koralle	

Einleitung

1. Naturwissenschaftliche Grundlagen

Das Heilmittelbuch der heiligen Hildegard von Bingen, die „Physika", beschreibt die Heilkräfte in der Natur und hierbei auch die der Edelsteine.

So z. B. liest man dort beim „Hyazinth" (Zirkon): „Wenn ein Mensch an einer Beeinträchtigung seines Augenlichtes leidet, oder wer trübe und geschwürige Augen hat, der halte einen Hyazinth in die Sonne. Sogleich besinnt sich der Stein, daß er vom Feuer abstammt und erwärmt sich sehr rasch. Sofort mache ihn mit deinem Speichel ein wenig feucht und lege ihn hurtigst also auf die Augen, damit es dadurch warm wird. Das mache oft, und die Augen werden aufgehellt und gesund".

Nach der Übersetzung und Auslegung von Dr. Gottfried Hertzka und von Dr. Wighardt Strehlow handelt es sich hierbei um Aufhellen von Hornhautnarben. Mit konventioneller naturwissenschaftlicher Betrachtung kommt man hier sicherlich zu keiner plausiblen Erklärung über eine mögliche Heilwirkung, und doch werden unbestreitbar mit der Hildegardmedizin Erfolge erzielt.

Das gleiche Problem ergibt sich bei den Hochpotenzen der homöopathischen Heilmittel. Ab D 23 (23 mal im Verhältnis 1:10 verdünnt) ist praktisch kein Molekül der Heilmittelursubstanz im Medikament mehr vorhanden und selbstverständlich auch durch chemische Analyse nicht mehr feststellbar. Trotzdem werden, im Doppelblindversuch nachgewiesen, gerade auch mit höheren Potenzen Wirkungen erzielt. Chemisch gesehen wird hier nur noch Lösungsmittel mit Lösungsmittel verdünnt.

Es kann sich bei diesen Heilwirkungen also nur um Wirkungen handeln, die nicht auf biochemischem Wege erzielt werden, sondern auf irgendeine andere Weise. Es wird offenbar über die Trägersubstanz „Alkohol" beim homöopathischen Heilmittel oder „Kristall" bei der Edelsteinmedizin eine Heilmittelinformation an den Patienten weitergegeben. Bei einer chemischen Analyse kann diese Information nicht festgestellt werden. Das gleiche wäre auch der Fall wenn man eine Visitenkarte chemisch analysieren würde, auf der eine Adresse und eine

Telefon-Nummer aufgedruckt ist. Eine Analyse würde nur die Bestandteile des Papiers und der Druckerschwärze der Visitenkarte aufzeigen, aber nicht die Adresse und die Telefon-Nummer. Man muß also zwischen Informationsträger und Information unterscheiden, wobei die Information das Wichtigste ist und nicht der Informationsträger!

Wie kann man also einen Zugang zu dem Mechanismus der Informationsweitergabe finden? In der einschlägigen „Edelsteinliteratur" wird von „Schwingungen", von „Wellen" oder von „Strahlen" gesprochen. Das ist alles „Nichtstoffliches" bzw. „Feinstoffliches". Folgerichtig müßte man nach Erklärungen in der nichtstofflichen Physik suchen.

Das mechanistische Weltbild der klassischen Physik mit ihrer traditionellen Auffassung von einer materiellen, stofflichen Substanz hat sich radikal mit der Quantenphysik verändert. Um 1900 entdeckte Max Planck, daß Wärmeenergie nicht kontinuierlich ausgestrahlt wird, sondern in Form von „Energiepaketen". Albert Einstein nannte diese Pakete „Quanten". Er behauptete, daß Licht und andere elektromagnetische Strahlung nicht nur als elektromagnetische Welle, sondern auch in Form von „Quanten" auftreten kann (Photonen).[1]

Die Photonen sind masselose Teilchen und bewegen sich mit Lichtgeschwindigkeit. Dieser Dualismus (Teilchen/Well) war ein Widerspruch in sich und wurde mit dem Begriff der „Realität der Materie" gelöst.(Auf der subatomaren Ebene laufen atomare Vorgänge nicht mit Sicherheit zu definierten Zeiten auf bestimmte Weise ab, sondern zeigen eine „Tendenz" zu erscheinen. Diese „Tendenzen" hängen in der Quantentheorie mit mathematischen Größen zusammen, die die Form von Wellen aufweisen. Damit können Partikel gleichzeitig Wellen sein. Diese Wellen sind keine wirklichen Wellen, wie z.B. Wasserwellen, sondern abstrakte mathematische Größen, welche Auskunft darüber geben, wann die Teilchen an welchen Orten und zu welchen Zeiten wahrscheinlich anzutreffen sind.)

Zu der Quantentheorie kam die Relativitätstheorie von Einstein, die besagte, daß Masse eine Energieform ist, d. h. daß die Teilchen nicht länger als statisches Objekt angesehen werden können, sondern als eine dynamische Struktur, als Prozeß der Energie, die sich als Masse des Teilchens darstellt.

Die Quantentheorie und Relativitätstheorie wurden in der Folgezeit immer weiter entwickelt und zu neuen zusammenfassenden Theorien verbunden, wie Quanten-Feldtheorie, Quanten-Elektrodynamik und

---

[1] Die Energiemenge „E" die ein Photon transportiert ist abhängig von seiner Frequenz „v" (Anzahl der Schwingungen pro Sekunde) multipliziert mit dem Plank'schen Wirkungsquantum „h" (fundamentale Naturkonstante) $E = h \cdot v$

Quanten-Chromodynamik. Die Darstellung dieser Theorien würde den Rahmen dieses Buches sprengen. Es wird auf die einschlägige Literatur verwiesen (siehe Literaturverzeichnis).

Einzelne Teilchen werden nach diesen Theorien durch bestimmte Ur-kräfte zusammengehalten. Sie wirken gegenseitig aufeinander ein.
Es gibt folgende gegenseitige Wechselwirkungen:
- Gravitations-Wechselwirkung (Schwerkraft)
- Elektro-schwache Wechselwirkung
- Starke Wechselwirkung
- Elektromagnetische Wechselwirkung
  (einschließlich der elektrostatischen Wechselwirkung)

Nach der „Quanten-Feldtheorie" entstehen alle Wechselwirkungen durch den Austausch von Teilchen, wobei die Teilchen lediglich eine örtliche Verdichtung von Feldern, also von Energie sind.

Wenn man die o. a. Erkenntnisse der modernen Physik als gegeben voraussetzt, bestehen alle materiellen Dinge unseres Universums und damit unseres Planeten, also Steine, Pflanzen, Tiere und selbstverständ-lich auch der Mensch letztendlich aus örtlich extrem dichten Energie-feldern. Krankheiten muß man dann folgerichtig als Störungen im Ener-giebereich ansehen. Die Beseitung einer Störung kann daher logischer-weise nur auf diesem Wege erfolgen, d. h. über eine Auflösung der energetischen Blockade und Zuführung der hierfür erforderlichen In-formation.

Wer ist nun Empfänger und Steuerorgan dieses Informationsflusses? Nach Dr. Hahnemann, dem Begründer der Homöopathie, handelt es sich bei Krankheiten um „Bewußtseinsstörungen". Der Patient hat sozu-sagen eine Informationslücke im Bewußtsein, die er selbst nicht schließen kann. Die Information muß ihm von außen zugeführt werden. Der Physiker und Philosoph Carl-Friedrich von Weizsäcker sagt in einem seiner Bücher: „Wenn sich aus Molekülen Menschen entwickeln, dann sind Moleküle der Möglichkeit nach bewußt".

Der französische Physiker Jean E. Charon geht in seinem Buch „Der Geist der Materie" noch weiter und behauptet, daß die Elektronen Sitz unseres Bewußtseins sind. In seiner „Komplexen Relativitätstheorie" beweist er, daß Elektronen als die kleinsten unzerstörbaren Baustein-chen in ihrem Inneren über ein „Teilchengedächtnis" verfügen, sozusagen einen Kleinstcomputer, mit welchem sie Informationen austauschen und abspeichern können. Das geschieht über elektromagnetische und elektrostatische Wechselwirkung. Die Elektronen sind kleine „schwarze Löcher" vergleichbar den großen „schwarzen Löchern" im Kosmos, welche mit Photonengas, also Lichtenergie angefüllt sind. Die einzelnen Photonen können Drehzahl und Drehrichtung durch Austausch von Impulsen ändern. Damit haben die Elektronen einen simplen Computermechanismus zur Verfügung. Der Inhalt des „Computerspeichers" entspricht sozusagen einem bestimmten „Lichtmuster" bzw. Frequenzspektrum. Wenn man bedenkt, daß eine einzige menschliche Zelle über 100 Milliarden Elektronen enthält, kann man sich ein Bild über die vorhandenen Speichermöglichkeiten machen.

Beim „Verdünnen" bzw. „Potenzieren" der homöopathischen Heilmittel wird das Heilmittelkonzentrat mit einem Verdünnungsmittel durch heftiges Schütteln vermischt. Die hierdurch aufgebrachte Bewegungsenergie führt beim Zusammenstoß der Moleküle und Atome der Flüssigkeit zu elektrostatischen Wechselwirkungen zwischen den Elektronen und damit zum Austausch der Lichtmuster oder Frequenzspektren (Speicherinhalte) der beteiligten Elektronen. Die Elektronen des Lösungsmittels übernehmen damit die Heilmittelinformation der Elektronen des Heilmittelkonzentrates. Damit kann mit dem „verdünnten" Heilmittel die gleiche Reaktion im Körper des Patienten ausgelöst werden wie mit dem unverdünnten Konzentrat. Natürlich unter der Voraussetzung einer richtigen präzisen Diagnose und Übereinstimmung von Krankheitsbild und Heilmittelinformation kann jede Störung bzw. Blockade im körpereigenen elektromagnetischen Feld durch homöopathische Heilmittel harmonisiert bzw. gelöst werden. Die innere Bereitschaft und der Wille des Patienten zum „Heilwerden" ist hierbei vorausgesetzt.

Wie geschieht nun dieser Informationsaustausch bei Edelsteinen? Hier wird nichts verschüttelt. Der Kristall wird einfach auf den Körper aufgelegt oder in die Hand genommen. Die naturwissenschaftliche Basis für die Wirkung von Edelsteinen und Kristallen auf das menschliche Energiesystem sind ebenfalls elektrostatische und elektromagnetische Wechselwirkungen (Schwingungen) zwischen Elektronen in den äußeren Atomhüllen (durch Austausch innerer Licht- bzw. Frequenzmuster und Austausch äußerer Lichtteilchen). Eine große Rolle spielen hierbei die Energiezentren des menschlichen Körpers, auch „Chakras" genannt. Es gibt viele hunderte solcher Energiezentren, die über den ganzen Organismus verstreut sind. Sie sind sozusagen Energieverteilungsstellen, die für den Lebensenergiehaushalt des Körpers verantwortlich sind. Die Lebensenergie wird auch als „Prana", „Od", „Orgon-Energie", „Chi", „Ki" oder „Bioplasma" bezeichnet. Es handelt sich hierbei aber um die o. a. Lichtenergie. (Sehr viel Lichtenergie nehmen wir z.B. beim Einatmen auf. Die Photonen sind in angeregten Zuständen von Hüllelektronen in den Luftmolekülen gespeichert. Die „Anregung" bzw. Speicherung erfolgt durch Hin- und Herpendeln von Elektronen auf höhere bzw. niedrigere Umlaufbahnen von benachbarten Atomen. Der energetische Impuls für die „Anregung" kommt von der Sonneneinstrahlung).

Entlang der Wirbelsäule finden wir die 7 wichtigsten Energiezentren oder Chakras:
Ihnen sind jeweils wichtige Drüsen, Nervenzentren (Plexen) bzw. Organe zugeordnet:

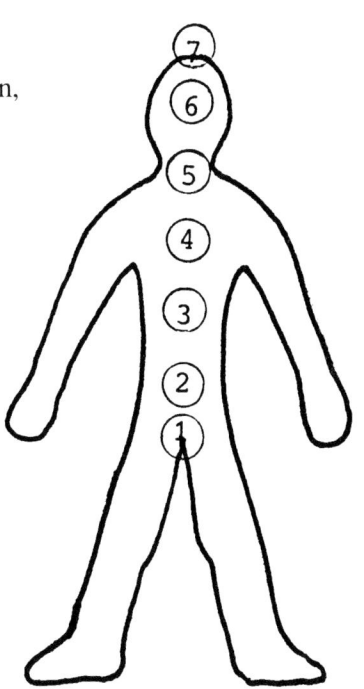

1. Wurzelchakra (Hoden, plexus sacralis)

2. Bauchchakra [2] (Eierstöcke, Nebennieren, plexus prostaticus)

3. Nabelchakra (Bauchspeicheldrüse, plexus solaris/Sonnengeflecht)

4. Herzchakra (Herz, Thymusdrüse, plexus cardialis)

5. Kehlkopfchakra (Kehlkopf, Schilddrüse, plexus cervicus, plexus laryngeus)

6. Stirnchakra (Hypophyse/Epiphyse, „3. Auge", plexus cavernosus)

7. Scheitelchakra (Epiphyse/ Hypophyse)

2) wird bei Paul Schmidt als „Milzchakra" bezeichnet.

Ihre Blockaden oder Störungen haben schwerwiegende Folgen für die von den zugehörigen Drüsen oder Organzentren gesteuerten Körperfunktionen zur Folge. Zu den 7 Hauptchakras gibt es noch wichtige Nebenchakras, wie zum Beispiel die beiden Handinnenflächen, die für Energieaufnahme bzw. -abgabe eine besondere Funktion haben und daher sehr sensibel sind.

Die Chakras haben eine besondere Aufgabe, die energetische Verbindung der verschiedenen Wesensschichten des Menschen untereinander. Es gibt 5 Hauptschichten. Die Inder nennen sie „Koshas":

1. Die Körperebene
(unser grobstofflicher, physischer Körper)

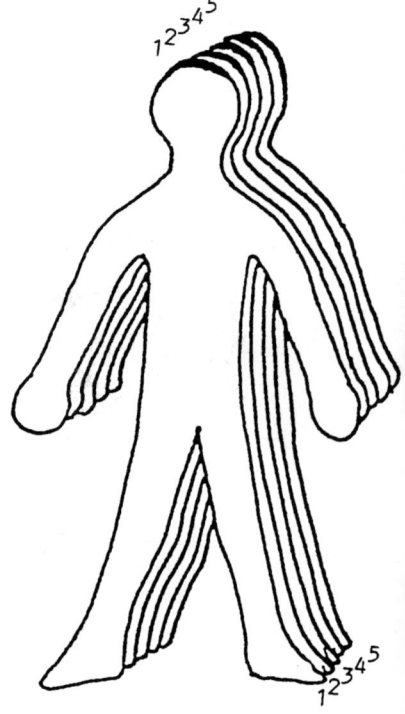

2. Die Lebensenergieebene

3. Die Gefühls- oder Seelenebene (astrale Ebene)

4. Die mentale Ebene

5. Die kausale Ebene (das Selbst, der Geist, das Göttliche)

Die fünfte Ebene ist noch mehrmals unterteilt. Ein normales gesundes Leben ohne harmonischen Gleichklang der Wesensschichten ist nicht möglich.

Als „Aura" bezeichnet man das elektromagnetische Strahlungsfeld, das den Körper umgibt. Sie ist letztlich nichts anderes als eine elektromagnetische Photonenstrahlung, also Lichtstrahlung, die von den Körperelektronen gespeichert wird. Dieses elektromagnetische Strahlungsfeld umfaßt einen großen Frequenzbereich. [3] In der Regel beträgt der Durchmesser der Aura je nach Entfal-

3) Die Photonen umfassen das gesamte Spektrum elektromagnetischer Wellen vom Wechselstrom über Radio - und Fernsehwellen bis zu den Röntgen - und Gammastrahlen. (0 bis $3 \cdot 10^{24}$ Hz). Das sichtbare Licht belegt nur den kleinen Bereich von $5 \cdot 10^{14} - 10^{15}$ Hz. Die Intensität der körpereigenen Strahlung ist so gering, daß sie im Bereich des sichtbaren Lichts in der Regel mit unseren Augen nicht gesehen wird (ultraschwache Photonenstrahlung). Deshalb ist sie auch mit der derzeit verfügbaren Standard - Meßtechnik schwer zu messen. Man benutzt daher radiästhetische Methoden (Pendel und Wünschelrute), welche die erforderliche Sensibilität haben.

tungsgrad der Energiezentren wenige Zentimeter bis einige Meter und mehr. Je nach Lage im Körper bzw. je nach Chakra unterscheiden sich die Frequenzen der Photonen, welche die Elektronen austauschen. Entlang der Wirbelsäule aufwärts nimmt die Lichtfrequenz ständig zu.

In den Energiezentren (Chakras) überlagern sich viele Schwingungsoktaven der elektromagnetischen Strahlen. Eine Oktave davon entspricht dem sichtbaren Licht mit den Regenbogenfarben (Rot, Orange, Gelb, Grün, Hellblau, Dunkelblau und Violett).

Jedem Energiezentrum (Chakra) ist eine eigene Farbe zugeordnet:

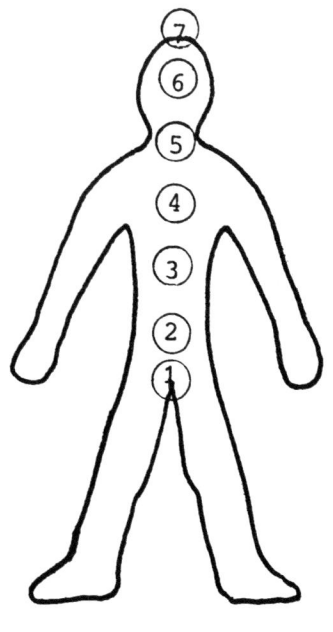

1. Wurzel = Rot
2. Bauch = Orange
3. Nabel = Gelb
4. Herz = Grün
5. Kehlkopf = Hellblau
6. Stirn = Dunkelblau
7. Scheitel = Violett

Diese Energiezentren kann man mit Edelsteinen in den entsprechenden Farben besonders anregen. Das ist dadurch möglich, daß die Farbgebung der Edelsteine auf ihrer unterschiedlichen Kristallstruktur basiert, die nur für Photonen bestimmter Frequenz wie ein Filter durchlässig ist, für andere Schwingungszahlen nicht. Das hängt mit Verunreinigungen der Kristalle durch Fremdatome (z. B. Metalle) und mit fehlenden Kristallatomen zusammen. Die Edelsteinelektronen sind somit sozusagen spezialisiert auf den Austausch von äußeren Lichtteilchen mit bestimmten Frequenzen (Farben, Bioplasma oder Prana spezieller Frequenz) und damit auch auf die Speicherung und Abgabe dieses Bioplasmas mit einem speziellen Frequenzmuster oder -spektrum. Im Falle des Nabelchakras (Farbe Gelb) wird den Elektronen des Nabelzentrums u.a. das „know-how" mittels elektrostatischer Wechselwirkung von den Edelsteinelektronen, z. B. eines gelben Citrins vermittelt, wie man gelbes Licht austauscht und optimal speichert. Zweitens bekommen diese Nabelchakraelektronen gleich eine erste Ladung gelbes Licht über die elektromagnetische Wechselwirkung mitgeliefert, die im Kristall gespeichert war.

Bei Bestrahlungen durch einfache Lichtquellen, z. B. auch Laserlicht, kann diese Doppelwirkung nicht erzielt werden, weil dabei nur elektromagnetische Wechselwirkung im Spiel ist und keine elektrostatische. Damit beide Wechselwirkungsarten optimal zustande kommen, ist es auch erforderlich, die Steine direkt auf den Körper an der blockierten Stelle aufzulegen, da die elektrostatische Wechselwirkung gemäß dem „Coulomb'schen Gesetz" abstandsabhängig ist.

Eine zusätzliche Verstärkung der Wirkung von Edelsteinbestrahlungen läßt sich durch die Verwendung von guten, regelmäßig geformten Kristallen erzielen, da diese wie ein Geigenkasten als „Hohlraumresonator" wirken. Wie im Geigenkasten die Schallwellen durch Hin- und Herwerfen sich überlagern und verstärken, werden auch an der Kristallwand die Lichtwellen hin- und herreflektiert. Es bilden sich sogenannte „stehende Lichtwellen" aus, welche die Lichtenergie verstärkt abgeben. Wichtig ist bei Kristallen auch eine intakte Spitze, mit der man Licht lokal gezielt zuführen kann.Das ist bei „Kristallmassagen" oder bei Behandlung von Akupunkturpunkten von Bedeutung. Akupunkturpunkte sind Punkte an unserem Organismus mit besonders geringem elektrischem Widerstand. Hier kann man sehr effektiv Energie einleiten und gezielt bestimmten Organen zuführen, die über sogenannte „Meridiane" (= Elektroenergiebahnen) mit diesen Punkten verbunden sind. Diese „Meridiane" verbinden auch die Chakras untereinander. Besonders gut zum Auflegen auf diese Punkte eignen sich auch Steine mit „Cabochonschliff" (Oberseite linsenförmig, Unterseite flach geschliffen), da sie gut aufliegen und konzentriert Licht abgeben.

(Die o. a. Gedanken über die naturwissenschaftlichen Hintergründe von Edelsteinbehandlungen wurden in Anlehnung an die komplexe Relativitätstheorie von Charon von dem Physiker Michael Strzempa-Depré entwickelt).

Daß es sich hierbei nicht nur um graue Theorie handelt, kann z. B. mit der sogenannten „Kirlian-Fotografie" nachgewiesen werden, die hier nicht näher beschrieben werden soll. Kirlian-Fotos vor und nach einer Behandlung beweisen die Auflösung von Blockaden. Die Öffnung von Chakras nach Edelsteinbehandlung kann mit Pendel und Wünschelrute einwandfrei festgestellt werden. Die Vergrößerung der Aura bzw. des Bioplasmapotentials ist physikalisch quantitativ ebenfalls meßbar (Elektrometer). Die gezielte Informations-Weiterleitungsfähigkeit von

Kristallen wurde durch russische Laborversuche nachgewiesen (Manipulation von Bakterienkulturen, Beeinflussung benachbarter Kulturen durch Fenster aus Bergkistall hindurch. Keine Informationsweitergabe bei Verwendung normalen Fensterglases).

Wie bereits ausgeführt, kann man Energiezentren gezielt mit verschiedenfarbigen Steinen behandeln. Um jedoch auch andere physischen und psychischen Blockaden auflösen zu können, muß man zunächst einmal gute frequenzspezifische Blockadediagnosen erstellen und dann die passenden Steine dazu auswählen. Hierfür ist ebenfalls eine Frequenzanalyse erforderlich. Dabei zeigt es sich, daß Edelsteine in Abhängigkeit von ihrer mineralogischen und chemischen Zusammensetzung ein spezifisches Frequenzmuster abstrahlen, das auch außerhalb des Frequenzbereiches des sichtbaren Lichtes liegt.

2. Untersuchungsmethode

(Analyse- bzw. Diagnoseverfahren)

Um 1930 befaßte sich der russische Professor Georges Lakhovsky in Paris mit Theorien über den Ursprung des Lebens. Er kam u. a. zu dem Schluß, daß jeder lebende Organismus elektromagnetische Wellen aussendet und empfängt. Da der Organismus aus einzelnen Zellen besteht, schwingt jede Körperzelle rhythmisch in der Resonanz einer Wechselwirkung der Strahlung aus Kosmos und Umwelt. Unter „Resonanz" versteht man das Schwingen von 2 physikalischen Systemen mit der gleichen Schwingungszahl (Frequenz). Die Zellen bestehen im Wesentlichen aus einem in Protoplasma schwimmenden Kern. Das Ganze ist von einer beweglichen Hülle umgeben. Im Inneren des Kerns zeigen sich ineinander verwickelte Fäden, die regelrechte elektrische Stromkreise bilden. Die Fäden haben eine röhrenförmige Struktur aus Isoliermaterial (Cholesterin) und sind mit organischen bzw. mineralischen elektrisch leitenden Substanzen gefüllt. Diese „Induktionsspulen" mit sehr kleinen Kapazitäten können mit hoher Frequenz schwingen. Die Zellfäden entsprechen einem Dipol.

Heute weiß man, daß es sich bei den „Zellfäden" um die „Chromosomen" handelt. Ihr wichtigster Bestandteil ist die DNA oder DNS (Desoxiribonucleinsäure), die Trägerin der „Gene", der Erbanlagen. Die DNS ist ein Riesenmolekül, gebildet aus tausenden Atomen und mehrmals zopfartig verdrillt. Die Zopfform ist eine ideale Kombination aus Stabantenne (elektrisches Feld) und Ringantenne (magnetisches Feld), empfindlich für einen großen Frequenzbereich.

Professor Lakhovsky entdeckte, daß man bei krankhaft veränderten Zellen durch Zuführung geeigneter elektromagnetischer Schwingungen die blockierten Zellschwingungen wieder aktivieren kann. Er baute sich einen Frequenzgenerator und behandelte damit erstaunlich erfolgreich krebskranke Pflanzen.

Ende der 70er Jahre entdeckte der Ingenieur und Unternehmer Paul Schmidt zufällig, daß er mit Pendel und Wünschelrute umgehen kann. Die „Radiästhesie" faszinierte ihn derart, daß er seine Unternehmerlaufbahn aufgab, um sich ganz seinen radiästhetischen Forschungen widmen zu können. Er stieß bei seinen Studien auch auf die Arbeiten Professor Lakhovskys, die er in seine Überlegungen einbezog.

Er entwickelte das „Resonanzmeßverfahren". Hierbei werden mit einem Frequenzgenerator in einen zu messenden Prüfling z. B. ein menschliches Organ von außen Schwingungen eingeleitet. Man fährt den Frequenzbereich von 0 - 100 durch. Bei der „Eigenschwingungszahl" des Prüflings kommt dieser in Resonanz. Das wird über eine Wünschelrute angezeigt, die in das Schwingungssystem mit eingebracht wird [4]. Zusammen mit anderen Forschern wurden durch das „Resonanzmeßverfahren" Frequenzwerte für alle Organe, Teile von Organen bis herunter zu einzelnen Zellgruppen gefunden. Es wurden so auch Schwingungswerte für bestimmte physische und psychische Blockaden und Krankheiten ermittelt. Schließlich entdeckte man das dahinterstehende System, den energetischen Steuerplan des menschlichen Körpers. Alle Steuerströme „durchlaufen" danach zunächst das Klein- und das Großhirn und dann über 12 verschiedene Hauptkanäle, die Epiphyse, das limbische Zentrum, den Hypothalamus, die Basalkerne, von wo sie sich auf die Hypophysen-Hinterlappen, den Hypophysen-Vorderlappen und den Thalamus verteilen. Erst wenn die Energie diese Drüsen „durchlaufen" hat, kann sie über die endokrinen Drüsen oder auch direkt die Organe erreichen.

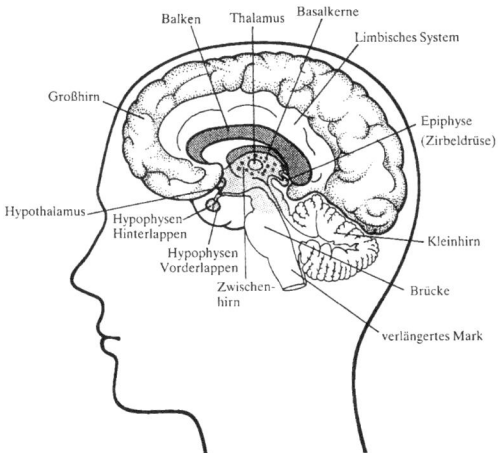

Die 12 „Hauptkanäle" stehen mit „Steuerzentren" entlang der Wirbelsäule in unmittelbarer Verbindung. Sie sind elektronischen Schaltern vergleichbar, welche über bestimmte Frequenzen die einzelnen Funktionen im somatischen Bereich ansteuern, wie zum Beispiel die Atmung (Atemzentrum) oder die Herztätigkeit (Herzzentrum) sowie im psychosomatischen und geistigen Bereich Faktoren wie Traurigkeit, Freude, Nächstenliebe, Erinnerunsgvermögen, Intuition, Kreativität usw. auslösen.

4) Näheres hierüber kann man dem Buch „Symphonie der Lebenskräfte" von Paul Schmidt entnehmen, Verlag Rayonex Schwingungstechnik GmbH, 57356 Lennestadt, Postfach 4060.

Mit dem von Paul Schmidt konstruierten „Resonator" kann man zur Blockadelösung die korrespondierenden Frequenzen über eine Metallsonde dem Körper zuführen. Am wirksamsten werden sie über Punkte niedrigen Widerstandes, z. B. die Handflächen oder die Akupunkturpunkte, in den Körper eingeleitet. Die Zellen bilden infolge ihrer Baustruktur einen guten Hohlraumresonator, wodurch die zugeleiteten Schwingungen verstärkt werden. In mehr oder weniger starke Resonanz kommen nur blockierte Organe. Die Resonanz kann man messen und beobachten bis die Schwingungsenergie die Blockade gelöst hat. Mit diesem Verfahren kann man ausgezeichnete Diagnosen erstellen, zumal man damit die „höheren" Körperebenen erreicht, die dem Diagnostiker meist nicht zugängig sind. (Die Frequenzen liegen in den höheren Wesensschichten jeweils eine Zehnerpotenz höher). Ebenso kann man damit Blockaden im psychosomatischen Bereich lösen, lange bevor sie sich im körperlichen Bereich manifestieren.

Wie bereits mehrfach dargelegt, schwingt alles im gesamten Universum. Organische und anorganische Substanzen geben elektromagnetische Informationssignale ab. Aus diesem Grunde kann man mit dem Resonanzmeßverfahren Heilmittel, Chemikalien, Metalle und selbstverständlich auch Edelsteine auf abgestrahlte Frequenzen untersuchen. So kann bei Heilmitteln festgestellt werden, daß diese spezifische Organfrequenzen aussenden, die für den speziellen Heilzweck erforderlich sind. Jetzt begreifen wir auch, wie hochpotenzierte homöopathische Heilmittel wirken. Allerdings findet man bei den Heilmitteln in der Regel ein „Breitband-Frequenzspektrum", das oft für den speziellen Krankheitsfall nicht benötigte Frequenzen mit enthält. Diese können u. U. besonders bei langanhaltenden Behandlungen die berüchtigten „Nebenwirkungen" auslösen oder ganz andere Krankheitsbilder erzeugen.

Nach oben beschriebener Methode wurden auch alle 39 im Buch aufgeführten Edel- bzw. Schmucksteine geprüft.

Folgende Meßeinrichtungen wurden benutzt:

❏ Frequenzgeneratoren
- Rayometer digital (stromlos) (Frequenzbereich 0,1 Hz - 100 GHz) der Firma Rayonex Schwingungstechnik GmbH, 57356 Lennestadt

- Wavetek Model 171

Synthesizer / Function Generator
(Frequenzbereich 0,1 Hz - 2 MHz,
Frequenzgenauigkeit 0,005%) der Firma Wavetek Elektronics GmbH
85737 Ismaning

- Prozessor-Multi-Funktions-Generator FG 9000
(Frequenzbereich 0,001 Hz - 1 MHz, Frequenzgenauigkeit besser
0, 01%) der Firma ELV GmbH, 26789 Leer

❏ 2-poliges Ausgangskabel

❏ 2 ansteckbare Kabel (Firma Rayonex)

❏ 1 ansteckbare Metallsonde (Firma Rayonex)

❏ 1 ansteckbare Einhand-Wünschelrute (Eigenbau)

❏ 1 Frequenztabelle der Firma Rayonex
   (Sanotron-Werte)

Meßaufbau:
Der Prüfling (Edelstein) wurde auf die Meßsonde gelegt, die Sonde mit
dem Plus- bzw. Minuspol des Frequenzgenerators über ein Kabel verbunden. Über ein zweites Kabel, das ebenfalls an den Plus- bzw. Minuspol des Gerätes angesteckt war, wurde die Einhandrute angeschlossen.

Messung:
Alle Prüflinge wurden von 0 - 100 Hz [5] in 0,5 Hz-Schritten durchgemessen, von 100 Hz - 1 KHz in 5 Hz-Schritten, von 1 KHz - 10 KHz
in 50 Hz-Schritten, von 10 KHz - 100 KHz in 500 Hz-Schritten und
von 100 KHz - 1 MHz in 5 KHz-Schritten. Zuerst wurden die Pluswer-
te, dann alle Minuswerte gemessen. Die Resonanzwerte wurden von
der Einhandrute durch Drehen angezeigt. Zu diesen Werten wurden die
zugeordneten medizinischen Begriffe aus der Rayonex-Wertetabelle ent-
nommen.

5) Schwingungen werden in „Hertz" (Hz) gemessen.
1 Hz = 1 Schwingung pro Sekunde
1 KHz = 1000 Schwingungen pro Sekunde
1 MHz = 1 Million Schwingungen pro Sekunde
1 GHz = 1 Milliarde Schwingungen pro Sekunde

3. Untersuchungsergebnisse

Zu den Meßergebnissen ist vorab folgendes zu bemerken: Die Meß-
werte erheben selbstverständlich nicht den Anspruch absoluter Fehler-
losigkeit. Es wurde zwar mit großer Sorgfalt gearbeitet und bei nicht
eindeutigen Anzeigen mehrfach gemessen. Trotzdem können bei den
Tausenden von Messungen Frequenzwerte übersehen worden sein. Wie
bereits kurz erwähnt, koppelt sich der Mensch als Testperson mit seiner
Wünschelrute in den Meßkreis als Zwischenglied ein. Der Mensch
dient dabei als Antenne (Sensor), die Rute als Anzeigeinstrument. Die
persönliche subjektive Tagesform, d. h. seine sensorische Kondition
spielt dabei eine große Rolle. Eine weitere Fehlerquelle liegt sicher in
der Zusammensetzung der Edelsteine selbst. Es wurden absichtlich
keine geschliffenen fehlerlosen Steine in Schmuckqualität verwendet,
sondern handelsübliche Kristalle oder Handsteine. Farbnuancen, Verunreinigungen, innerer Aufbau und Zusammensetzung der Steine spielen
eine Rolle bei der Gestaltung des Frequenzmusters. Das bedeutet, daß
selbst Edelsteine der gleichen Art nicht immer die gleichen Frequenzen
abstrahlen müssen. Es wurden zwar verschiedene Steine der gleichen
Art durchgeprüft. Sie ergaben eine erstaunliche Übereinstimmung.
Dennoch sind Abweichungen vor allem bei Farbunterschieden möglich. Die in den Beschreibungen der Steine aufgeführten „Varietäten"
können nicht ersatzweise eingesetzt werden, da sie in der Regel völlig
andere Frequenzmuster aufweisen.

Folgendes kann als Ergebnis der Messungen festgestellt werden:

◆ Heilwirkungen sind grundsätzlich möglich

◆ Je Stein wurden zwischen 5 und 65 verschiedene Frequenzen festgestellt

◆ Spurenelemente bzw. Metallverunreinigungen sind vorwiegend
nicht nur für die Färbung der Edelsteine sondern auch für das abgestrahlte Frequenzspektrum verantwortlich

◆ Größere Steine sind besser als kleine

◆ Große.Kristalle sind wirksamer als kleinkristalline Handstücke. Edelsteine heben die Wirkung der Elemente bzw. Metalle in den Bereich höherer Wesensschichten und verstärken bzw. selektieren die Wirkung

Voraussetzungen für eine Heilwirkung:

◆ Vorliegen einer ausreichenden präzisen Diagnose (möglichst mit dem Resonanzenergiemeßverfahren und durch einen erfahrenen Praktiker)

◆ Auswahl des passenden Heilsteins (gemäß Steinbeschreibung dieses Buches oder nach Test mit dem Resonanzmeßverfahren, zumindest Durchführung eines Verträglichkeitstests mit Pendel oder Wünschelrute).

◆ Richtige Art der Behandlung, vor allem durch direkten Kontakt des Steins mit der Haut und an Punkten geringsten Hautwiderstands.

◆ „Entladen" des Steins vor der Behandlung, vor allem bei neu gekauften, geschenkten oder geerbten Steinen (diese können negative Informationen in sich tragen).

◆ Abspülen mit kaltem Wasser oder einige Tage vergraben

◆ Aufladen des Steins in der Sonne

◆ Abspülen mit kaltem Wasser nach jeder Behandlung.

◆ Äußere und innere Bereitschaft des Patienten zum „Heilwerden"

◆ Vorsicht bei der Anwendung von starken Heilsteinen wie z. B. Diamant und vor allem bei Steinen, die das Zellerneuerungssystem beeinflussen, wie z.B. das asbesthaltige „Tigerauge" und der radioaktive „Zirkon". Diese Steine sollten nur unter Anleitung und Kontrolle durch einen erfahrenen Steinheilkundigen angewandt werden.

◆ Vorsicht ist auch bei längerer Behandlung, etwa bei chronischen Krankheiten mit allen Steinen geboten, da die Gefahr der Induzierung unerwünschter Nebenwirkungen gegeben ist. Die Ursache hierfür liegt in der Frequenzvielfalt der Steine. Nicht alle der abgestrahlten Frequenzen werden zur gezielten Blockadelösung benötigt. Führt man aber über einen längeren Zeitraum „unnötige" Frequenzen zu, wird hierdurch ein schwacher Dauerreiz erzeugt, der durchaus zu unerwünschten Erscheinungen führen kann, u. U. sogar zur Auslösung größerer Beschwerden.

Abschließend ist festzustellen, daß bei sinnvollem Einsatz mit Edelsteinen Heilwirkungen bis hin zu Spontanheilungen zu erzielen sind!

Vor allem ist eine unterstützende Behandlung parallel zu anderen medizinischen Maßnahmen zu empfehlen. Gewarnt werden muß allerdings vor Einsatz bei akuten Notfällen. Hier ist auf jeden Fall ein Arzt erforderlich. Steine können dabei allenfalls unterstützend verwendet werden. Teilweise stimmen die Meßergebnisse erstaunlich gut mit den in der einschlägigen Literatur aufgezählten Heilwirkungen überein. Die anfangs erwähnte „Hornhautaufhellung" durch Behandlung mit einem Hyazinth (Zirkon) kann so z. B. bestätigt werden. Die Hornhautfrequenz wurde tatsächlich gefunden. Die Hildegard-Medizin gibt generell auch die präzisesten Heilanweisungen. Die gesamte andere Literatur ist jedoch leider zu wenig differenziert. Mit zu allgemein gehaltenen Krankheitsbegriffen wie z. B. „Herzbeschwerden" kann man keine erfolgreiche Behandlung einleiten. Hier war dringend eine genauere Untersuchung, Klassifizierung und Aufklärung vonnöten.

4. Behandlungsmethoden

Hier sollen nur kurz die wichtigsten Methoden vorgestellt werden.

◆ Harmonisieren und Öffnen blockierter Chakras:

Man legt sich auf den Rücken oder auf den Bauch. Die entsprechenden Steine werden möglichst auf die nackte Haut im Bereich der Chakras aufgelegt. Folgende Steine werden empfohlen:

Scheitel:	Amethyst, Bergkristall (Stein hinter dem Kopf im Scheitelbereich nahe an der Kopfhaut auf den Boden legen)
Stirn:	Lapis Lazuli, Amethyst
Kehlkopf:	Aquamarin, Türkis, Saphir
Herz:	grüner Turmalin, Smaragd, Jade, Aventurin, Malachit
Nabel:	Citrin
Bauch:	Carneol, Rhodochrosit
Schambein:	Granat, Rubin

Für alle Chakras geeignet: Diamant

◆ Raum, Arbeitsplatz, Schlafplatz harmonisieren:
Man stellt sich eine schöne Kristallstufe, vorzugsweise Bergkristall oder Amethyst, am besten aber seinen Lieblingsstein auf einen schönen Platz im Raum, auf seinen Schreibtisch oder in die Nähe der Schlafstelle (Steine öfters reinigen!).

◆ Handsteine (Schmeichelsteine)
Man besorgt sich nach entsprechender Diagnose den richtigen

Heilstein und hält ihn öfters in der Hand (immer in der negativ ge-
polten Hand, Männer links - Frauen rechts. Die Polarität sollte jedoch zuvor radiästhetisch festgestellt werden).
Man kann den Stein auch in der Tasche tragen oder sich einen kleineren Stein für ein Halskettchen besorgen (Die Kettchen aber mit einem
Kunststoff-Zwischenglied versehen, um keine energetische Blockade
des Kopfkreislaufes zu erzeugen.)

◆ Akupunkturpunkt-Behandlung
An den entsprechenden Punkten den richtig zugeordneten Stein
oder einen Bergkristall, möglichst einen Kristall mit intakter Spitze
aufdrücken und leicht massieren.

◆ Behandlung schmerzender Stellen
Den richtig ausgewählten Stein auf die schmerzende Stelle auflegen
oder einen Bergkristall mit guter Spitze aufsetzen und leicht massieren.

◆ Behandlung blockierter Narben
Einen Bergkristall mit guter Spitze oberhalb und unterhalb bzw.
rechts und links der Narbe möglichst auf entsprechende Meridiane
aufsetzen, leicht andrücken und einige Zeit einwirken lassen.

◆ Kristallmassage
Vorwiegend entlang der Wirbelsäule kann man einen Bergkristall
mit guter Spitze von Wirbel zu Wirbel mit leichtem Druck aufsetzen.
Mehrmals die Wirbelsäule hinauf- und hinuntermassieren.

Neben den im vorangegangen Kapitel aufgezählten Voraussetzungen
für eine Heilwirkung sollte bei den Behandlungen noch folgendes be-
achtet werden: Man wählt sich einen ruhigen Platz mit harmonischer
Ausstrahlung, sorgt für eine gute Belüftung und eine ansprechende Temperatur. Bei Eigenbehandlung sollte eine „Tiefenentspannung" voraus-
gehen. Eine Fremdbehandlung, möglichst durch einen erfahrenen Praktiker, ist jedoch vorzuziehen, da man sich ganz auf die Behandlung
konzentrieren und besser „loslassen" kann.
Für weitergehende Informationen über Steinbehandlungen und Spezial-
gebiete wie Akupunktur/Akupressur und Hildegard Edelsteinmedizin
wird empfohlen sich entsprechende Fachliteratur zu besorgen oder sich
am besten bei einem erfahrenen Therapeuten beraten zu lassen.

5. Erläuterung mineralogischer Begriffe

In den Steinbeschreibungen sind einige mineralogische Begriffe verwendet worden, die für den Laien vielleicht der Erläuterung bedürfen.

Die Mineralien werden gemäß ihrer chemischen Zusammensetzung in verschiedene **Mineralklassen** eingeteilt:

❖ Elemente, das sind die kleinsten, chemisch nicht mehr teilbaren Bausteine der chemischen Verbindungen. Sie bestehen aus den Atomen. Es gibt 105 Elemente, 90 davon wurden in der Natur gefunden, der Rest künstlich erzeugt. Die meisten Elemente kommen nur in chemischen Verbindungen vor. Nur 24 Elemente findet man als Mineralien, wie z. B. Gold, Silber, Kupfer, Kohlenstoff usw. .

❖ Sulfide, das sind Salze der Schwefelwasserstoffsäure. Dabei verbinden sich ein oder mehrere Metallatome, wie z. B. Eisen mit einem oder mehreren Schwefelatomen.

❖ Halogenide, sind Verbindungen der Elemente Fluor, Chlor, Brom, Jod (Halogene = Salzbildner). Unser Speisesalz gehört dazu (NaCl).

❖ Oxide, welche praktisch Verbrennungsprodukte sind. Bei einer Verbrennung verbindet sich ein Stoff mit Sauerstoff. Diesen Vorgang nennt man „Oxidation". Ein solcher langsamer Oxidationsvorgang ist das Rosten von Eisen. „Hämatit" ist z.B. ein „verrostetes" Eisen.

❖ Carbonate, Nitrate, Borate. Hier sind Salze von drei Säuren, der Salpetersäure, der Kohlensäure ($H_2[CO_3]$) und der Borsäure zusammengefaßt. Teten an die Stelle des Wasserstoffs „H" ein oder mehrere Metallatome, bezeichnet man diese neue chemische Verbindung als Salz.

❖ Sulfate, Chromate, Molybdate, Wolframate. Zu dieser Klasse gehören die Salze der Schwefelsäure, Chromsäure, Molybdänsäure, Wolframsäure. Der Wasserstoff der Säure wird hier wieder durch Metall ersetzt, wie z. B. beim Gips $Ca[SO_4] \cdot 2H_2O$ (Calciumsulfat).

❖ Phosphate, Arsenate, Vanadate. Zu dieser Klasse gehören hauptsächlich die Salze der Phosphorsäure $H_3[PO_4]$.

❖ <u>Silikate</u>. Der Name „Silikat" leitet sich vom lateinischen Wort „silex" ab = Kieselstein. Es handelt sich hier um Verbindungen mit Siliziumoxid SiO_2. 95% des Bestandteils der Erdkruste ist aus Silikaten zusammengesetzt.

❖ <u>Organische Verbindungen</u>, sind keine direkten Mineralien, sondern pflanzlichen oder tierischen Ursprungs. Sie bestehen hauptsächlich aus Kohlenstoff.

Eine weitere Einteilung der Mineralien wird nach ihrem **Kristallsystem** vorgenommen. Alle Kristalle fallen durch ihre Symmetrie und Perfektion der Kristallflächen auf. Das hängt mit ihrem inneren Aufbau, dem sog. „Kristallgitter" zusammen. Die einzelnen Kristallbausteine wie Moleküle oder Atome sitzen auf festen Plätzen an den Eckpunkten der inneren Kristallstruktur und bilden wie ein Baugerüst eine Gitterkonstruktion. Nach außen ergeben sich die verschiedenen Formen mit verschiedenen Winkeln unter denen die Flächen zueinander angeordnet sind. Es gibt 7 verschiedene Systeme: kubisch (regulär), tetragonal, hexagonal, trigonal, rhombisch, monoklin und triklin.

Ein weiteres wesentliches Unterscheidungsmerkmal ist die **Härte**. Diese wird nach der „Mohs'schen" Härteskala gemessen. Es gibt 10 Härtestufen, denen jeweils ein typisches Mineral zugeordnet ist:

Härtestufe
1	Talk,
2	Gips,
3	Calcit,
4	Fluorit,
5	Apatit,
6	Feldspat,
7	Quarz,
8	Topas,
9	Korund und
10	Diamant, das härteste Mineral.

Man kann jeweils mit dem härteren Mineral das weichere ritzen. Wichtig ist zur Bestimmung auch die **Farbe** sowie der **Strich**. Wenn man über eine rauhe Porzellantafel mit einem Mineral reibt, ergibt sich ein farbiger oder farbloser Strich. Jedes Mineral hat einen spezifischen

Strich. Darüber hinaus prüft man auch die **Spaltbarkeit**, die sogenannte **Luminiszenz** oder **Fluoreszenz**, sowie andere für den Mineralogen wichtigen Merkmale, auf die hier jedoch nicht näher eingegangen werden soll.

Lösen wir uns nun von naturwissenschaftlichen Betrachtungen, von Meßverfahren, Behandlungvorschlägen und mineralogischen Begriffen. Lassen wir uns einfach von der Ordnung und der Pracht der Edelsteine verzaubern und ihre harmonischen Schwingungen auf uns einwirken. Wenn wir offen sind für die Wunder dieser Welt, werden wir bestimmt auch unseren Heilstein finden.

Achat

Mineralname:	Quarz (Chalcedon)
Chemische Formel und Bezeichnung:	SiO_2 Siliziumoxid
Mineralklasse:	Oxide
Kristallsystem:	trigonal (feinstkristallin)
Härte:	7
Farbe:	gebändert grau, weiß, schwarz, braun, gelb oder rot
Vorkommen und Verbreitung:	siehe „Chalcedon"

Der Name „Achat" stammt vom Fluß „Achates" auf Sizilien.

Varietäten:	Onyx (künstlich schwarz ein- gefärbter Achat)
	Moosachat (mit moosähnlich grünen Hornblendeeinlagerungen)
	Chalcedon (graublau)
	Carneol (rot)
	Sarder (braun)
	Chrysopras (grün)
	Jaspis (rot/grün)
	Heliotrop (dunkelgrün mit roten Hämatitpunkten)

Untersucht wurde ein grauer Achat mit braunen Bänderungen.

Heilwirkungen auf:

1. Knochengerüst, Gelenke
Wetterfühligkeit bei Splitterbruch, Bluterguß unter der Schädeldecke
nach Stürzen, Unterarmsyndrom

2. Verdauungssystem
Verdauungszentrum, Appetitlosigkeit

3. Haut, Gewebe, Muskeln
keine

4. Herz, Lunge, Kreislaufsystem, Adern, Blut
Herzbeutelentzündung, Asthma

5. Uro-, Genitalbereich
Potenzschwäche, Prostata

6. Nervensystem, psychische Probleme, Drüsen, Augen
Epilepsie, innere Unruhe, Magersucht, Asthma, Heuschnupfen,
Schilddrüsenunterfunktion, Weitsichtigkeit

7. Hals-, Nasen-, Ohrenbereich, Zähne
Nase, Schnupfen, Erkältung, Halsentzündung, Heuschnupfen, Asthma,
Polypenrückbildung, Schnarchen, Oberkiefervereiterung

8. Sonstiges
Schlechter Heilungsprozeß

Nicht ermittelt wurden folgende Heilwirkungen: Rote Blutkörperchen, Urinretention, Darm, Fieber, Geschwüre, Gehirn, Hirnhautentzündung, Haut, Hormone, Lunge, Milz, Nieren, Nerven, Tumore, Zahnfleisch, Wassersucht, Depressionen, Freude, Lethargie, Mut, Mondsüchtigkeit, Diebstahlverhinderung (Hildegard).

Zuordnung zu Sternzeichen:

Fische, Widder, Stier, Zwillinge, Löwe, Jungfrau

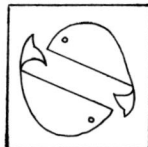  

Amethyst

Mineralname:	Quarz
Chemische Formel und Bezeichnung:	SiO_2 Siliziumoxid
Kristallsystem:	trigonal/hexagonal
Härte:	7
Farbe:	hell- bis dunkelviolett (Die Färbung soll von einem Eisengehalt herrühren oder durch radioaktive Bestrahlung entstehen. Teilweise wird die Meinung vertreten, daß die Färbung von Manganspuren verursacht wird. Durch Sonnenbestrahlung bleichen die Amethyste aus.)

Vorkommen	
und Verbreitung:	Freistehende Kristalle kommen seltener vor. Meistens sind die Kristalle in Drusen zu finden. Viele alte Vorkommen in Europa sind erschöpft. In jüngerer Zeit wurden große Vorkommen in Brasilien entdeckt. Dadurch sank der Wert des Steins, der früher bei den Preisen von Saphir, Rubin, Smaragd und Diamant lag.

Der Name „Amethyst" kommt vom griechischen „amethystos" = nicht betrunken. Durch Jahrhunderte hindurch glaubte man, daß der Stein vor Trunkenheit schützt. Ihm werden deshalb heute noch magische Wirkungen zugeschrieben und er wird daher auch von Bischöfen und Kardinälen als Ring getragen.

(Dieser „Aberglaube" kann bestätigt werden, da der Stein auf eine bestimmte Frequenz des Alkohols korrespondiert. Er macht den Träger damit zwar nicht trinkfester, aber könnte durch Alkoholgenuß bzw. -mißbrauch entstandene Blockaden im Körper lösen.)

Varietäten:
Durch Brennen bei 470 und 750 °C entstehen gelbe, braune oder grüne und farblose Varietäten. Der gelbe Amethyst wird auch fälschlich „Topas" genannt.

Heilwirkungen auf:

1. Knochengerüst, Gelenke
Knochenmark, Hüftgelenk, Ellbogenentzündung, Knochenheilung, Stirnknochen, Kniearthrose, Knochenerweichung,
Rheuma in den Füßen, Gicht, Knochenwucherung, Lendenwirbel, Kniegelenk, Daumengelenk, Ellenbogen, Schulter - Armsyndrom, Kniearthritis, Arthrodynie, Rheuma, Gelenkschmerzen

2. Verdauungssystem
Auflösung von Gallensteinen, Hepatitis B, Peristaltik, Dickdarmentzündung, Collitis, Völlegefühl, Blähungen

3. Haut, Gewebe, Muskeln

Haut, Muskelkater, Narbenverheilung, Warzen, Nahrungsmittelallergie, Fußpilz, Bindegewebe, Rippenfell

4. Herz, Lunge, Kreislaufsystem, Adern, Blut

Adern, Aorta, Bluttemperatur zu niedrig, Herztrennwandschwäche, Fieber, Bauchatmung

5. Uro-, Genitalbereich

Eileiter, Prostata, Monatszyklus, Eierstöcke, Ostitis

6. Nervensystem, psychische Probleme, Drüsen, Augen

Nerven, Sympaticus und Vagus, Nervensystem, Zirbeldrüse, Trigeminusnerv, Schluckauf, Hypothalamus, Ischias, Nervenentzündung, Regeneration der Nerven, Gesichtsnervreizung, Hypophysenvorderlappen und -hinterlappen, Unruhe, Angstzustände, Tablettensucht, Alkoholsucht, Cerebralatrophie, Sprachschwierigkeiten nach Schlaganfall, Schwierigkeiten beim Rechnen, Schreiben und Lesen, Parkinson, gestörter Wärmehaushalt, Hitzewellen, Lebensenergie, Schulter-Armsyndrom, steifes Genick mit Kopfschmerzen, Hirnhautentzündung, Lymphsystem

7. Hals-, Nasen-, Ohrenbereich, Zähne

Erkältung, Kehlkopf, Heiserkeit, Schnupfen, Tubenkatarrh, Trommelfellvernarbung, Speiseröhrenknorpel, Polypenrückbildung

8. Sonstiges

Halschakra, Stirnchakra („drittes Auge"), Scheitelchakra, Zeitzentrum, Halszentrum, Zellerneuerung der Organe, Zentrum der Nächstenliebe, Zentrum das Erinnerungsvermögens, mangelnde Sauerstoffversorgung, Wundfieber, schlechter Heilungsprozeß, Heilungszentrum, Abwehrkräfte stärken.

Auch bei diesem Stein werden nicht alle in der einschlägigen Literatur genannten Wirkungen bestätigt, z.B. die Wirkung auf Bauchspeicheldrüse/Diabetes, Epilepsie, Farbenblindheit, Schilddrüse. Insgesamt wurden 50 verschiedene Frequenzen festgestellt. Als Abart des Bergkristalls eignet er sich infolge seiner violetten Farbe für Energiebehandlung, vorwiegend im Kopfbereich sowie für Meditationszwecke. Bemerkenswert sind seine festgestellten Wirkungen im psychischen Bereich sowie auf alle drei Chakras in Hals und Kopf.

Zuordnung zu Sternzeichen:

Steinbock, Wassermann, Fische, Widder, Stier, Krebs, Skorpion

   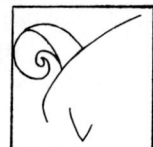

Aquamarin

Mineralname:	**Beryll**
Chemische Formel und Bezeichnung:	$Be_3Al_2[Si_6O_{18}]$ Beryllium-Tonerde-Silikat
Mineralklasse:	Silikate
Kristallsystem:	hexagonal
Härte:	7,5
Farbe:	hell- bis tiefblau (durch Eisengehalt)
Vorkommen und Verbreitung:	Silikate sind wesentliche Bestandteile weit verbreiteter Gesteine. Sie haben am Aufbau der Erdkruste und des Ackerbodens großen Anteil. Beryllium-silikate reichern sich in Rissen und

Spalten von magmatischen Gesteinen an zusammen mit Quarz und Feldspat, z. T. mit größten Ausmaßen in Pegmatiten (bis 9 m Länge und 61 t Die Vorkommen sind weltweit verbreitet (bei uns im Bayerischen Wald). Aquamarin findet man vorwiegend im Ural, auf Elba, in Irland, Südwestafrika (Namibia) und Brasilien. Größter bisher gefundener Aquamarin mit Edelsteinqualität in Brasilien: 48 cm lang, 110 kg schwer.

Der Name Aquamarin kommt aus dem Lateinischen und bedeutet „Seewasser". Der Name „Beryll" hängt mit unserem Begriff „Brille" zusammen, da man früher aus farblosem Beryll Sehhilfen anfertigte.

Varietäten:

Smaragd (chromgrün) Goldberyll (goldgelb)
Heliodor (gelbgrün) Morganit (rosa)

Heilwirkungen auf:

1. Knochengerüst, Gelenke
Knochenwucherungen, Ellbogengelenkentzündung, Zellerneuerung der Knochen, Oberkiefervereiterung, Bandscheibenschaden, Meniskus, Lendenwirbel, Wetterfühligkeit bei Knochenbrüchen

2. Verdauungssystem
Leber, Leberzirrhose, Lebersteuerung, Lebervorsteuerung, Verdauungsstörung, Schließmuskelerschlaffung Darm

3. Haut, Gewebe, Muskeln
Zellerneuerung, Tumor, Narbenverheilung, Bindegewebe, endogenes Ekzem, Zellregeneration, Lippen, Entwässerung/Ödeme, Sonnenbrand, Schuppenflechte, Gürtelrose, Zellalterungsstörung, Zahnfleischentzündung, Rippenfellentzündung

4. Herz, Lunge, Kreislaufsystem, Adern, Blut,

Aorta, Herzzentrum, Herzbeutelentzündung, Herzmuskel, Steuerung linke Herzkammer, Mitralklappe links, Angina pectoris, Herzinfarkt, Herzkranzgefäße, Thrombose, Blutverdünnung, Herzkreislauf, Herznebensteuerung, Herzsteuerung, Herzrhytmusstörung, Herzvene, Krampfadern, Herzmuskelschwäche, Herzschwäche links, Lungenblähung, Blutdruck (zu hoch).

5. Uro, Genitalbereich

Schließmuskelerschlaffung Blase, Sexualtrieb

6. Nervensystem, Psychische Probleme, Drüsen, Augen

Chronische Traurigkeit, Stottern (Sprachschwierigkeiten), Beruhigung, Hypothalamus, vegetative Überempfindlichkeit der Nerven (Reizzonen), Nervensystem, Zerebraldystonie, Thalamus, Lymphsystem, Lymphdrüsenentzündung, Hirnhautentzündung, Thymusdrüse (Unterfunktion), Augen (klarer sehen), Glaskörpertrübung des Auges, grauer Star

7. Hals-, Nasen, - Ohrenbereich, Zähne

Schnupfen, Kehlkopf und Stimmbänderkatarrh

8. Sonstiges

Halschakra, Limbisches Zentrum, Störung im Sprachzentrum, Zentrum der Trauer, Heilungszentrum, Lebensenergie, Abwehrkräfte, Salzverlustsyndrom, Müdigkeit nach dem Essen, Zervikal- und Lumbalsyndrom

Darüber hinausgehende Heilwirkungen wie auf Zähne, Arme, Hände, Magengeschwüre, Milz, Nacken, Nieren, Asthma, Bronchien, Keuchhusten können nicht bestätigt werden. Die in der „Hildegard-Medizin" beschriebene Wirkung bei Vergiftungen hängt wahrscheinlich mit der Beeinflussung von Leberblockaden zusammen, die im Gefolge von Vergiftungen auftreten.

Der Aquamarin ist sicher ein „Reinigungsmittel" für den Hals, für alles was im Hals sozusagen steckengeblieben ist (vom Schleim bis zu Sprachproblemen). Vor allem aber ist er ein vorzüglicher „Herzstein", vielleicht der Herzstein überhaupt.

Zuordnung zu Sternzeichen:

Wassermann, Fische, Stier, Zwillinge, Jungfrau, Waage

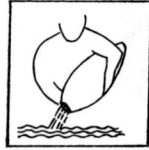 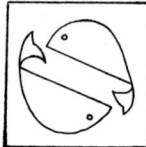  

Aventurin

Mineralname:	Quarz, feinkristallin mit Einschlüssen von Chromglimmer oder Eisenglanzplättchen)
Chemische Formel und Bezeichnung:	SiO_2 Siliziumoxid
Mineralklasse:	Oxide
Kristallsystem:	trigonal
Härte:	7
Farbe:	grün schillernd (Chromglimmereinschlüsse) braun mit metallischem Schillern (Eisenglanzplättcheneinschlüsse)

**Vorkommen
und Verbreitung:** (Siehe auch Bergkristall)
Das gute Material stammt aus Indien und dem Ural.

Der Name kommt aus dem italienischen „a ventura" = durch Zufall. Um 1700 warfen italienische Alchimisten Kupferspäne in flüssiges Glas und erhielten so zufällig schillerndes Glasmaterial, welches dem ähnlich aussehenden natürlichen Aventurin seinen Namen gab.

Varietäten:
Die verschiedenen Quarzsorten, die aber alle nicht diesen schimmernden Glanz des Aventurin haben.

Heilwirkungen auf:

1. Knochengerüst, Gelenke
Unterarmsyndrom, Hüftgelenk, Kalkmangel, Ellenbogengelenkentzündung, Knochenheilung

2. Verdauungssystem
Blähungen, Völlegefühl

3. Haut, Gewebe, Muskeln
Hautzentrum, schweißtreibend, Haarwuchs, Blasen an den Füßen, Brandblasen, Bindegewebsschwäche

4. Herz, Lunge, Kreislaufsystem, Adern, Blut
Bluttemperatur zu niedrig, Blutdruck zu niedrig, Asthma

5. Uro-, Genitalbereich
Potenzstörung, Potenzschwäche, Sexualzentrum, Nierensteine, Eileiter

6. Nervensystem, psychische Probleme, Drüsen, Augen
Selbstsicherheit, Verklemmung, Weitsichtigkeit, Parkinson, Asthma

7. Hals-, Nasen-, Ohrenbereich, Zähne
Halsentzündung

8. Sonstiges
Herzchakra, Milzchakra, Zentrum der Nächstenliebe, Kunstzentrum

Heilwirkungen auf Allergien, das Muskelsystem, die Thymusdrüse oder auf Angstzustände konnten nicht gemessen werden. Allerdings wurde nur der grüne Aventurin untersucht.

Zuordnung zu Sternzeichen:

Wassermann, Krebs, Waage, Schütze

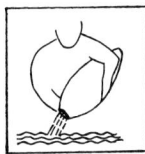  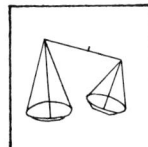 

Bergkristall

Mineralname: Quarz

Chemische Formel und Bezeichnung: SIO_2
Siliziumoxid

Mineralklasse: Oxide

Kristallsystem: trigonal

Härte: 7

Farbe: farblos, weiß

Vorkommen und Verbreitung: wichtigstes gesteinsbildendes Mineral, über die ganze Erde verbreitet, nach „Feldspat" das häufigste Mineral der Erdkruste. Vorkommen feinkörnig als Sand und dichte Aggregate, grobkörnige Massen und kleine, mittlere und große Einzel-

kristalle und Kristallgruppen.
Größter bisher gefundener Einzelkristall: 40 t.

Der Name „Kristall" kommt vom griechischen „kristallos" = Eis. Bis in das 17. Jahrhundert glaubte man, daß es sich um versteinertes Eis handelt.

Varietäten:

Zum gleichen Mineral gibt es noch viele Varietäten, die unter den nachfolgend aufgeführten Edelsteinnamen gesondert beschrieben werden. Diese Varietäten haben die unterschiedlichsten Farben, entstanden durch Verunreinigungen:

	- Rauchquarz	- Rosenquarz
	- Amethyst	- Aventurin
	- Citrin	- Tigerauge
Chalcedon:	- Achat	- Onyx
	¨ Sarder	- Chrysopras
	- Jaspis -	- Karneol
	- Heliotrop	- Moosachat

Heilwirkungen auf:

1. Knochengerüst, Gelenke
Knie, Ellenbogen, Schultergelenk, Wirbelsäule, Lendenwirbel, Halswirbel, Bandscheibenregeneration, Schulter-, Armsyndrom, Polyarthritis, Rheuma, Knochenerweichung, Kniearthrose, Hüftgelenkarthrose, Knorpelbildung in den Gelenken, Nackenverspannung, Schleimbeutelentzündung

2. Verdauungssystem
Gallensteine (Auflösung), Hepatitis B

3. Haut, Gewebe, Muskeln
Bindegewebe, endogenes Ekzem, Neurodermitis, Blasen, Brandblasen, Hühneraugen, Allergien, Fußpilz, Schuppenflechte, Muskelzucken, Narbenverheilung

4. Herz, Lunge, Kreislaufsystem, Adern, Blut
Adern, Krampfadern, Venenentzündung, Leukämie

5. Uro-, Genitalbereich
Nieren, Nierenbeckenentzündung, Eierstöcke, Eileiter, Monatszyklus, Hormonhaushalt Mann/Frau, sexuelle Steuerung Mann, Prostata, Potenzschwäche, Harnblasensyndrom, Hoden

6. Nervensystem, psychische Probleme, Drüsen, Augen
Sympatikus, Vagus, Nerven, Suchtkrankheit, Neurasthenie, Rückenmarkserkrankungen, Angstzustände, Gürtelrose, Parkinson, Gehirndurchblutung, Hypophyse Vorderlappen und Hinterlappen, Hitzwellen, Bluttemperatur, Augen, Phantomschmerzen

7. Hals-, Nasen-, Ohrenbereich, Zähne
Ohr, Außenohr, Innenohr, Gehörgangentzündung, Ohrspeicheldrüse, Ohrensausen, Ohrenpfeifen, Nasennebenhöhlenvereiterung, Heiserkeit, Erkältung, Tubenkatarrh, Trommelfellvernarbung, Oberkiefervereiterung

8. Sonstiges
Lebensenergie, Heilungszentrum, schlechter Heilungsprozeß, Abwehrkräfte, Scheitelchakra

Die in der einschlägigen Literatur angeführten Heilwirkungen auf Angina Pectoris, das Sonnengeflecht, Durchfälle, Augenstar, Lunge und im Rahmen der „Hildegard-Medizin" behauptete direkte Wirkung auf eine Schilddrüsenüberfunktion konnten nicht verifiziert werden. Hier könnte allenfalls eine generelle Beeinflussung über den Hormonhaushalt erfolgen. Hormonhaushaltsstörungen können bekanntlich die verschiedensten Beschwerden verursachen.

Insgesamt wurden 38 verschiedene Frequenzen gemessen. Darüber hinaus hat dieser einfach zu beschaffende Stein in seiner Kristallform die Eigenschaft weißes Licht, also Photonen zu speichern und gebündelt abzugeben. Er eignet sich daher für alle Arten von Energiebehandlungen und für Meditationszwecke.

Zuordnung zu den Sternzeichen:

Widder, Löwe

Bernstein

Mineralname: Bernstein (fossiles Harz)

Chemische Formel und Bezeichnung: $C_{40}H_{64}O_4$
Naturharz

Mineralklasse: Organische Verbindungen

Kristallsystem: amorph

Härte: 2 - 2,5

Farbe: honiggelb, bräunlich, rötlich, rot, blau, klar durchsichtig bis wolkig getrübt und undurchsichtig

Vorkommen und Verbreitung: Bernstein findet sich in Form von kleineren und größeren Knollen (bis zu 10 kg Gewicht) in einem blaugrünen Sand, der sogenannten „blauen Erde", vorwiegend in den ehemaligen preußischen Ostseeländern. Durch die Brandung des Meeres werden die Knollen ausgespült und an den Strand geworfen. Zum Teil wird er auch bergmännisch mit Braunkohlebaggern gewonnen (Königsberg/ Ostpreußen). Durch Reiben lädt er sich elektrostatisch auf. Das Baumharz, aus welchem der Bernstein sich gebildet hat, tropfte vor ca. 50 Millionen Jahren aus Nadelhölzern. Manchmal findet man Einschlüsse von Wasser, Pflanzenteilen oder Insekten.

Der Name „Bernstein" kommt aus dem niederdeutschen „Bernen" = Brennen (Brennstein). Man kann ihn leicht, z.B. mit einem Streichholz entzünden. Er verbrennt dann mit weihrauchähnlichem Geruch.

Heilwirkungen auf:

1. Knochengerüst, Gelenke
Knochengerüst, Knochengelenke, Knochenwucherung, Knochenerweichung, Knochenmark, Knochenmarkschwäche, Knie, Kniearthristis, Kniearthrose, Gelenkschmerzen in Handwurzel und Knie, Hüftgelenksarthrose, Arthrose im Genick, Hexenschuß, Lendenwirbel, Daumen, Daumengelenk, Ellenbogen, Rheuma, Rheuma in den Füßen, Schultergelenk, Schulter-Armsyndrom, Bandscheibenverschleiß

2. Verdauungssystem
Speiseröhre, Darmverschluß, Darmlähmung, Schließmuskelerschlaffung, Darm, Collitis, Dickdarmentzündung, Nahrungsmittelallergie

3. Haut, Gewebe, Muskeln
Narbenverheilung, Haut, Warzen, Fußpilz, Muskulatur, Muskelaufbau, Muskelverstärkung, Haarwurzeln, zu starker Haarwuchs bei Frauen, Haarfarbenverlust, Nahrungsmittelallergie, Schuppenflechte, Sehnenschwäche, Busen, Fußnägel, Fingernägel

4. Herz, Lunge, Kreislaufsystem, Adern, Blut

Bluttemperatur zu niedrig, Hitzewellen, Wärme- und Kälteempfinden, Fieber, Atmungsorgane, Keuchhusten, Asthma, Blutdruck zu niedrig, mangelnde Sauerstoffversorgung, Adern, Krampfadern, Venenentzündung

5. Uro, Genitalbereich

Nierenschrumpfung, Monatszyklus, Monatsbeschwerden, Nebenhoden links (Zyste), sexuelle Erregung (Frau), sexuelle Steuerung (Frau), Sexualzentrum, Eileiter, Eileiterentzündung, Gebärmuttersenkung, Gebärmutter, Kinderlosigkeit, Scheide

6. Nervensystem, psychische Probleme, Drüsen, Augen,

Nerven, Hypophyse, Hypothalamus, Basalkern, Sympaticus/Vagus, Vagusanregung, Sympaticus-Systemstörung, Tränendrüse, Busen, Selbstsicherheit, Verklemmung, Magersucht, Epilepsie, Parkinson, Diabetes, Hitzewellen, Unterfunktion aller endokrinen Drüsen, Störung im Sprachzentrum, Unruhe, Angstzustände

7. Hals-, Nasen-, Ohrenbereich, Zähne

Nase, Schnupfen, Erkältung, Fieber, Abwehrschwäche, Halsentzündung, Rachen-Mandelentzündung, Asthma, Polypenrückbildung, Keuchhusten, Stimmbänderreizung, Oberkiefervereiterung

8. Sonstiges

Plasmozytom, Lupus, Lebensenergie, Heilungszentrum, schlechter Heilungsprozeß, limbisches Zentrum, Abwehrzentrum, Brechzentrum, Sexualzentrum, Kreativitätszentrum, Sprachzentrum (Störung), Wurzelchakra, Bauchchakra, Scheitelchakra
Auswirkungen auf Leber und Schilddrüse konnten nicht gefunden werden.

Bei trübem Bernstein wurden 52 verschiedene Frequenzen festgestellt, wobei trüber Bernstein infolge der Einschlüsse offenbar heilwirksamer ist als klar durchsichtiger. Er ist sicher ein klassischer Heilstein, vor allem für den HNO-Bereich, für die Psyche und das Klimakterium. Harz heilt die Wunden der Bäume und hat daher eine besondere Heilkraft. Bernstein regt deshalb auch im besonderen Maße viele Energiezentren an. Unverständlicherweise ist seine breite Einsatzmöglichkeit bei Wechseljahrbeschwerden in der Literatur bisher nicht besonders hervorgehoben worden.

Zuordnung zu Sternzeichen:

Wassermann, Widder, Zwillinge, Löwe, Jungfrau, Schütze

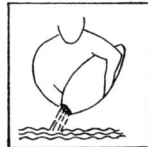 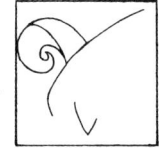 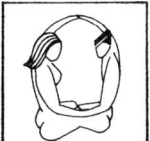 

Beryll

Mineralname:	Beryll
Chemische Formel und Bezeichnung:	$Be_3Al_2[Si_6O_{18}]$ Beryllium-Tonerdesilikat
Mineralklasse:	Silikate
Kristallsystem:	hexagonal
Härte:	7,5
Farbe:	gelblich weiß, trüb, wasserklar, farblos, bläulich bis grünlich, rötlich
Vorkommen und Verbreitung: (Siehe auch Aquamarin)	In pegmatitischen Gängen des Granites, in Glimmerschiefern oder Seifen, weltweit verbreitet. Bei uns in Zwiesel (Bayerischen Wald).

Der Name Beryll kommt vom altgriechischen „berullos" und hängt mit unserem Begriff „Brille" zusammen, da man im Mittelalter aus farblosem Beryll Sehhilfen anfertigte. (Brillen mit einer „Doppelwirkung": Optisch durch Linsenschliff und Heilwirkung auf die Augen durch die Ausstrahlung des Minerals).

Varietäten:	Smaragd (chromgrün)
	Aquamarin (hell- bis tiefblau)
	Goldberyll (goldgelb)
	Heliodor (gelbgrün)
	Morganit (rosa)

Heilwirkungen auf:

1. Knochengerüst, Gelenke
Knochenmark, Rheuma an den Füßen, Zellerneuerung Knochen, Ellenbogengelenkentzündung, Lendenwirbel

2. Verdauungssystem
Leber, Lebervorsteuerung, Lebersteuerung, Darmgeschwür, Darmentzündung, After

3. Haut, Gewebe, Muskeln
Brandblasen, Blasen an den Füßen, Entwässerung, Ödeme, übermäßiges Schwitzen, Narbenverheilung, Hirnhautentzündung, Zahnfleischentzündung, Sonnenbrand

4. Herz, Lunge, Kreislaufsystem, Adern, Blut
Bluttemperatur zu niedrig, Hämorrhoiden, Lungenblähung, Aorta

5. Uro-, Genitalbereich
Nierenschrumpfung

6. Nervensystem, psychische Probleme, Drüsen, Augen
Limbisches Zentrum, Zirbeldrüse, Augen klarer sehen, grauer Star, Lymphsystem, Kopfschmerzen Stirn, Bettnässen

7. Hals-, Nasen-, Ohrenbereich, Zähne

Erkältung, Kehlkopf, Heiserkeit, Ohr, Innenohr, Ohrtrompete, Ohrensausen, Gehörgangentzündung

8. Sonstiges

Heilungszentrum, Zentrum der Trauer, Lebensenergie, Stirnchakra.
Die Heilwirkungen decken sich in auffallender Weise mit den Giftwirkungen des Leichtmetalls Beryllium. Weitere Heilwirkungen wie auf Mund, Kiefer, Arterienverkalkung, Herzkranzgefäße, Krebs, Menses konnten nicht gemessen werden. Allerdings kommt es hier entscheidend auf die Metallgehalte des Edelsteins an (Chrom, Uran, Eisen). Alle Edelsteinvarietäten haben unterschiedliche Heilwirkungen gemäß ihrer Färbung. Sogar heller oder dunkler gefärbte Steine der gleichen Farbe können sich in ihrer Wirkung unterscheiden! Eine Heilwirkung bei Krebs wäre u. U. bei einem durch Uran gefärbten Beryll denkbar.

Zuordnung zu Sternzeichen:

Zwillinge, Jungfrau, Waage

Chalcedon (Chalzedon)

Mineralname:	Chalcedon (Quarz)
Chemische Formel und Bezeichnung:	SiO_2 Siliziumoxid
Mineralklasse:	Oxide
Kristallsystem:	trigonal (kryptokristallin)
Härte:	7
Farbe:	grau (graublau, weiß)
Vorkommen und Verbreitung: (Siehe auch Bergkristall)	Die aus mikroskopisch kleinen Kristallkörnchen und -fasern bestehende dichte Quarzvarietät wurde stets bei niederen Temperaturen in der Nähe der Erdoberfläche gebildet. Sie kommt in „Mandeln" und anderen

Hohlräumen vor und wird in vielen vulkanischen Gesteinen gefunden.

Der Name soll von der kleinasiatischen Stadt „Kalchedon" stammen oder auf die alte Bezeichnung Karthagos „Karchedon" zurückzuführen sein.

Varietäten:

Chrysopras (apfelgrün)   Achat (verschiedenfarbig)
Jaspis (rot/grün)   Onyx (schwarz)
Carneol (rot)   Sarder (braun)
Prasem (lauchgrün)   Moosachat (mit grünen Einlagerungen)
                               Heliotrop (grün mit roten Punkten)

Diese mineralogischen Varietäten werden zwar alle dem Chalcedon zugeordnet, haben aber durch ihren unterschiedlichen Gehalt an Metallverbindungen andere Frequenzmuster und damit andere Heilwirkungen.

Heilwirkungen auf:

1. Knochengerüst, Gelenke
Knochenheilung, Unterarmsyndrom, Ellenbogengelenkentzündung

2. Verdauungssystem
Nahrungsmittelallergie, Völlegefühl, Blähungen

3. Haut, Gewebe, Muskeln
Nahrungsmittelallergie, Warzen

4. Herz, Lunge, Kreislaufsystem, Adern, Blut
Keine

5. Uro-, Genitalbereich
Keine

6. Nervensystem, psychische Probleme, Drüsen, Augen
Epilepsie, Einschlafstörungen, Konzentrationsschwäche, Wärme- und Kälteempfinden, Parkinson, übermäßige Schweißabsonderung

7. Hals-, Nasen-, Ohrenbreich, Zähne
Nase, Schnupfen, Erkältungen, Schleimhautentzündung, Reizhuste

6. Sonstiges
Schweißtreibend, Zentrum der Nächstenliebe, Konzentrationsschwäche

Nicht bestätigte Heilwirkungen:
Augen, Arterienverkaltung, rote Blutkörperchen, Fieber, Gallensteine, Herz, Kreislauf, Knochenmark, Lunge, Leukämie, Milz

Der in der Hildegardmedizin angeführte Einfluß auf Redegewandtheit und gegen Jähzorn könnte durch die gemessene Wirkung auf Konzentrationsschwäche und das Zentrum der Nächstenliebe erklärt werden. Mit seinen nur 11 festgestellten Frequenzen zählt der Chalcedon aber zu den auffallend heilwirkungsschwachen Steinen.

Zuordnung zu Sternzeichen:

Widder, Zwillinge, Krebs, Schütze

   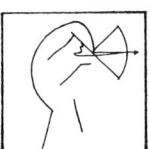

Chrysolith

Mineralname:	Olivin (Peridot)
Chemische Formel und Bezeichnung:	$(Mg,Fe)_2[SiO_4]$ Magnesium-Eisensilikat
Mineralklasse:	Silikate
Kristallsystem:	rhombisch
Härte:	6 - 7,5
Farbe:	ölgrün, flaschengrün, gelbgrün, gelblich, braun, rotbraun
Vorkommen und Verbreitung:	wichtiger Bestandteil basischer Eruptivgesteine, besonders Basalte. Melaphyr-Olivin ist auch eines der ersten Mineralien, die beim Erstarren der Gesteinsschmelze auskristallisieren.

Olivin ist im Gestein körnig eingewachsen oder bildet kleine Kristalle. Vorkommen im Ural (GUS), in Südafrika. Bei uns in der Eifel, im Siebengebirge, bei Göttingen, Minden/ Westfalen.
Edelsteinqualität kommt seit 3500 Jahren von der Vulkaninsel „Zebirget" (St. John's) im Roten Meer.

Der Name leitet sich vom griechischen „khrusos" = goldfarben, goldgelb und „lithos" = Stein ab, d. h. goldgelbfarbener Stein.

Heilwirkungen auf:

1. Knochengerüst, Gelenke
Wirbelsäule, Lendenwirbel, Halswirbelplatte, Hexenschuß, Ischias, Rheuma

2. Verdauungssystem
Magen-Mittelteil, Diabetes

3. Haut, Gewebe, Muskeln
Trockene Haut, Lippen, Hirnhautentzündung, Bindegewebsschwäche

4. Herz, Lunge, Kreislaufsystem, Adern, Blut
Herzvorsteuerung, Blutzucker zuviel (Diabetes), Aorta

5. Uro-, Genitalbereich
Nierenschrumpfung, Sexualzentrum, Steigerung des Sexualtriebes, Frigidität, Potenzschwäche

6. Nervensystem, psychische Probleme, Drüsen, Augen
Thalamus, Epilepsie, Bauchspeicheldrüse, zu wenig Insulin, Lymphsysteme, Hirnhautentzündung

7. Hals-, Nasen-, Ohrenbereich, Zähne
Nase, Schnupfen, Erkältung

8. Sonstiges

Milzchakra, Stirnchakra

Nicht bestätigt haben sich die in der Hildegardmedizin ihm zugesprochenen direkten Wirkungen auf Fieber, Leistungsabfall, Kunstfertigkeit, Streß. Diese können allenfalls interpretiert werden als indirekte Einwirkung auf Abfall des Fiebers nach Beseitigung der Ursache (Rheuma) oder auf Leistungsabfall bei Zuckerkrankheit. Streß als Folge langanhaltender Schmerzzustände (Rheuma)

Zuordnung zu Sternzeichen:

Fische, Jungfrau, Schütze

Chrysopras

Mineralname:	Quarz (Quarzvarietät der Chalcedongruppe)
Chemische Formel und Bezeichnung:	SiO_2 Siliziumoxid
Mineralklasse:	Oxide
Kristallsystem:	trigonal
Härte:	7
Farbe:	grün (apfelgrün) Die Färbung stammt von Verunreinigungen durch Nickeloxyhydrat. Er ist der einzige Nickelhaltige unter den bekannten Edelsteinen. Die Grünfärbung anderer Edelsteine wird vorwiegend durch Eisen-, Kupfer- und Chromgehalte hervorgerufen.

Das Schwermetall „Nickel" ist offenbar auch für seine einzigartigen Heilwirkungen bei rheumatischen Erkrankungen verantwortlich.

**Vorkommen
und Verbreitung:**

(siehe auch unter
Bergkristall)

Es handelt sich hier um eine homogene, dichte Quarzvarietät, die aus mikroskopisch kleinen Kristallfasern und -körnchen besteht. Die Bildung erfolgte in der Nähe der Erdoberfläche bei verhältnismäßig niedrigen Temperaturen. Der Chrysopras wurde bei uns in Schlesien gefunden und war einst der wertvollste in Deutschland vorkommende Edelstein. Heute kommt er vorwiegend aus Australien, den USA, der GUS und aus Brasilien.

Der Name „Chrysopras" stammt aus dem Griechischen und bedeutet soviel wie „Goldenlauchfarben".

Varietäten des Quarz-Chalcedons:

- Achat / Moosachat
- Jaspis
- Heliotrop
- Karneol

- Sarder
- Feuerstein
- Onyx

Heilwirkungen auf:

1. Knochengerüst, Gelenke
Rheuma, Rheuma im Nacken, im Knie, im Lendenbereich, Rheumaknoten, Gicht, Arthritis, Polyarthritis, Arthrose, Ischias, Kreuzbein, Nackenverspannung, Schulter-Armsyndrom, Ellenbogengelenkentzündung, Knochenheilung bei Bruch, Zellerneuerung, Knochen

2. Verdauungssystem
Lebervorsteuerung, Lebersteuerung, Magengeschwür, zu wenig Magensäure, Blähungen

3. Haut, Gewebe, Muskeln
Hautzentrum, Neurodermitis, Warzen, Hautallergie, Allergie durch Lebensmittel, Schleimhautentzündung, Zehennägel, Kopfhaut, Bindegewebe, Haarwuchs, Grützbeutel

4. Herz, Lunge, Kreislaufsystem, Adern, Blut
Krampfadern, Herzvene, Venenentzündung, Venenthrombose, Ödeme, geschwollene Beine, übermäßiges Schwitzen, gestörtes Wärme- und Kälteempfinden

5. Uro-, Genitalbereich
Monatsbeschwerden, Eierstöcke, Ostitis, Eileiter, Harnleiter, harntreibend, Penis, Vorhaut

6. Nervensystem, psychische Probleme, Drüsen, Augen
Augen, grauer Star, grüner Star, Sehstörung, Nervenentzündung, Regeneration der Nerven, Nervenstärkung, Nervenaufbau, Thymusdrüse, Konzentrationszentrum, Hypophyse, Epilepsie, epileptische Anfälle, Angstneurose, Gehirntumor, Schwindelgefühl

7. Hals-, Nasen-, Ohrenbereich, Zähne
Kehlkopf, Heiserkeit, Schnupfen, Schleimhautentzündung, Abwehrkräfte, Bronchien, Bronchialkatarrh, Halsentzündung

8. Sonstiges
Salzverlustsyndrom, Zellerneuerung der Organe, Zellalterungsstörung

Nicht bestätigte Heilwirkungen:
Entgiftung (hier wäre allenfalls eine Stärkung des Abwehrsystems bzw. der Thymusdrüse von gewisser Hilfe, z. B. bei nicht keimfreiem Wasser oder Lebensmitteln), Prostata, Hoden, Herz (außer Herzvene), Fettgewebe

Der Chrysopras ist sicher ein guter Stein bei Epilepsie (Hildegardmedizin!), aber vor allem ein ausgezeichneter Rheuma- und Gichthelfer (ebenfalls Hildegard-Medizin). Nicht umsonst wählte ihn instinktiv offenbar auch der von Rheuma und Gicht geplagte Friedrich der Große zu seinem Lieblingsstein (etliche Tabaksdosen seiner Sammlung sind z. B. aus Chrysopras gefertigt).

Die Heilwirkungen decken sich auch auffallend mit den vielfach festgestellten Giftwirkungen des Schwermetalls Nickel.

Zuordnung zu Sternzeichen:

Steinbock, Fische, Stier, Krebs, Waage

 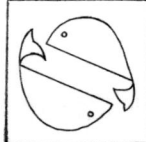  

Citrin

Mineralname:	naturgelber Quarz fälschlich als „Topas" bezeichnet z.B. Quarztopas, Madeiratopas
Chemische Formel und Bezeichnung:	SiO_2 Siliziumoxid
Mineralklasse:	Oxide
Kristallsystem:	trigonal
Härte:	7
Farbe:	blaßgelb bis honiggelb (durch Eisenspuren)
Vorkommen und Verbreitung: (Siehe auch „Bergkristall")	Echte Citrine kommen heute vor- wiegend aus Brasilien und Madagaskar. Die meisten „Citrine" werden jedoch durch „Brennen" von Amethyst

oder Rauchquarz bei ca. 470° C hergestellt.

Der Name kommt von seiner gelben Zitrusfruchtfarbe (lateinisch: citrus).

Varietäten:
Bergkristall, Amethyst, Rauchquarz, Rosenquarz und die feinkristallinen Quarzsorten wie Chalcedon.

Heilwirkungen auf:

1. Knochengerüst, Gelenke
Arthritis, Arthrose, Ischias, Lendenwirbel, Gelenkentzündung, Bandscheibenverschleiß, Osteochondrose (Knochenauflösung), Rheuma, Ellenbogengelenkentzündung, Zellerneuerung der Knochen

2. Verdauungssystem
Abführmittel, Verdauungsstörung, Magensäure (zu viel), Leber, Appetitlosigkeit, Lebervorsteuerung

3. Haut, Gewebe, Muskeln
Trockene Haut, Muskelaufbau, Zellerneuerung der Organe, Zellalterungsstörung, Zwerchfell, Rippenfell, Hautflecken (Rotflecken), Raucherbein, Polypenrückbildung

4. Herz-,Lunge, Kreislaufsystem, Adern, Blut,
Kapillaren, Adern, Aorta, Krampfadern, Raucherbein, Bauchatmung

5. Uro-, Genitalbereich
Potenzschwäche, Monatszyklus, Eierstöcke, Ostitis, Gebärmutterentzündung

6. Nervensystem, psychische Probleme, Drüsen, Augen
Hirnhautentzündung, Stirnkopfschmerzen, Nerven, Nervenentzündung, Regeneration der Nerven, Facialislähmung, Sympathicus, Vagus, Vagusanregung, Neubildung im Kleinhirn, Hypophyse Vorderlappen, Hypophysenhinterlappen, Thalamus, Sprachschwierigeiten nach Schlaganfall, Zungenlähmung, Depression, mangelnder Lebensmut, Unruhe,

Angstzustände, Lymphsystem, Diabetes, Blutzucker zuviel, Bauch-speicheldrüse zu wenig Insulin, Multiple Sklerose (MS), Parkinson, Schwierigkeiten beim Schreiben, Wetterfühligkeit, Asthma, Ischias, mangelnde Tränenbildung, Thymusdrüse, Thymusunterfunktion

7. Hals-, Nasen-, Ohrenbereich, Zähne
Heiserkeit, Kehlkopf, Halsentzündung, Keuchhusten, Asthma, Schnupfen, Polypenrückbildung

8. Sonstiges
Abwehrzentrum, Zentrum des Erinnerungsvermögens, schlechter Hei-lungsprozeß, Nabelchakra, Stirnchakra

Angebliche Wirkungen auf Kreislauf, Blase, Nieren, Stoffwechsel, Milz und allgemeine Stärkung können nicht bestätigt werden. Seine Wirkung auf Leber und Herz beschränken sich auf die Lebervorsteue-rung bzw. Aorta. Bemerkenswert ist seine Heilwirkung bei Diabetes, was auch mit seiner ausgleichenden und anregenden Wirkung auf das Nabelchakra zusammenhängen dürfte. Weiterhin zählt er, zusammen mit dem Zirkon (und Rhodochrosit), zu den wenigen Heilsteinen für Multiple Sklerose (MS).

Zuordnung zu Sternzeichen

Steinbock, Zwilling, Löwe, Jungfrau, Waage

   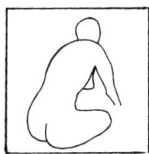

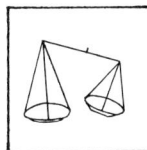

Diamant

Mineralname:	Diamant
Chemische Formel und Bezeichnung:	C Kohlenstoff (chemisch rein)
Mineralklasse:	Elemente
Kristallsystem:	kubisch (kristallisiert meist in Oktaedern)
Härte:	10 (das absolut härteste Mineral)
Farbe:	farblos (häufig schwach gelblich, aber auch grau oder grünlich, manchmal trüb und fast undurchsichtig)
Vorkommen und Verbreitung:	Das einzige primäre Vorkommen in einem durch vulkanische

Eruption an die Erdoberfläche
geförderten olivinreichen Eruptiv-
gestein, in welchem sich der Diamant
in der Tiefe unter großem Druck
gebildet hat, liegt in Südafrika.
Alle anderen Vorkommen in der
Welt sind sekundär in Sand- oder
Geröllablagerungen (z.B. Indien,
Brasilien, Südwestafrika, am Kongo,
an der Diamantküste).

Der Diamant hat als besondere Eigenschaft eine starke Lichtbrechung
und Farbzerstreuung aufzuweisen, die den Glanz und das Feuer ge-
schliffener Steine erzeugt. Sie werden besonders in Idar-Oberstein,
Hanau, Amsterdam und Antwerpen in Brilliant- oder Rosettenform
geschliffen. Der Wert richtet sich nach Klarheit und Gewicht (1 Karat
= 0,2 g). Einer der größten gefundenen Diamanten war der „Cullinan"
mit 610 g.

Der Name „Diamant" kommt aus dem griechischen „adamas" = der
Unbezwingbare, da man ihn im Altertum für unzerstörbar hielt. Er ist
wegen seiner Sprödigkeit jedoch leicht zu zerkleinern. Bei genügend
hoher Temperatur kann man ihn auch vollständig verbrennen.

Heilwirkungen auf:

1. Knochengerüst, Gelenke
Knochengerüst, Wirbelsäule, Bandscheiben, Brustwirbelsäule, Halswirbelplatte, Rheuma, Rheuma in den Füßen, im Lendenbereich, Gicht,
Ischias, Hexenschuß, Kreuzbein, Lendenwirbel, Knochengelenke, Degeneration der Zwischenwirbelscheiben, Ellbogen, Ellbogengelenkentzündung, Schultergelenk, Knie, Daumengelenk, Schulter-Armsyndrom, Arthrodynie, Kniearthritis, Meniskus, Kniearthrose, Polyarthritis,
Knochenerweichung, Knochenwucherung, Oesteochondrose, Knochenmark, Zellerneuerung der Knochen, Knochenheilung, Phantomschmerzen

2. Verdauungssystem
Verdauungsstörung, Blähungen, Völlegefühl, Darmentzündung, Darm-
schleimhautstörung, Darmgeschwür, Dünndarm, Dickdarm, Mastdarm-

entzündung, Abführmittel, Magensäure (zuviel), Magen-Ausgang, Lebervorsteuerung, Lebersteuerung, Cholesterinüberschuß

3. Haut, Gewebe, Muskeln

Muskulatur, Muskelkater, Muskelzucken, Rückbildung von Hornhaut und Blasen, Haarwurzeln, Haarwuchs, Fußnägel, Fingernägel, Sehnen, Sehnenzerrung, Sehnenscheidenentzündung, Sonnenbrand, Busen, Zyste im Busen, Schuppenflechte, Fußpilz, Gürtelrose, Hautzentrum

4. Herz, Lunge, Kreislaufsystem, Adern, Blut

Herzkreislauf, Herznebensteuerung, Adern, Krampfadern, Entwässerung des Körpers, Ödeme, schweißtreibend, Arterien, Aorta, Cholesterinüberschuß, Hämorrhoiden, Anämie, Bronchien, Lungenblähung, Luftröhre, Bauchatmung, Rippenfell, Asthma

5. Uro-, Genitalbereich

Harnsäure (zuviel), Prostata, Prostataentzündung, Potenzstörung, Harnröhre, Urinretention, Bettnässen, Hoden (Hormonhaushalt), Sexualzentrum

6. Nervensystem, psychische Probleme, Drüsen, Augen

Nervensystem, Nerven, Sucht, Spielsucht, Raucherentwöhnung, Hormonhaushalt (Mann), Phantomschmerzen, Thymusdrüse, Hypophyse, Hypothalamus, Basalkerne, Epiphyse, Neubildung im Kleinhirn, Mundspeicheldrüse, Schilddrüsenunterfunktion, Augen (klarer sehen), Sehzentrum, Sehnervreizung, Steuerung der Netzhaut, grauer Star, Trigeminusnerv, Nervenentzündung, Nervenstärkung, Nervenaufbau, Sympathicus/Vagus, Gürtelrose, psychische Probleme, Streß, Bettnässen, Schlafstörungen, Angstzustände, Schizophrenie, Hitzewellen, Hirnhautentzündung, Kopfschmerzen im Stirnbereich, Asthma, Wetterfühligkeit, Parkinson, Lymphdrüsenentzündung, Lymphsystem, Taubheitsgefühl der Zunge

7. Hals-, Nasen-, Ohrenbereich, Zähne

Erkältung, Fieber, Grippe, Abwehrschwäche, Tubenkatarrh, Trommelfellvernarbung, Ohr, Außenohr, Ohrspeicheldrüse, Ohrpfeifen (hell), Störung im Gehörzentrum, Nase, Schnupfen, Bronchien, Asthma, Luftröhre, Kiefer- und Stirnhöhle, Mund, Stimmbänderreizung, Taubheitsgefühl der Zunge, Schneidezahnentzündung, Zahnfleischentzündung

8. Sonstiges

Allgemeine Aufladung, Lebensenergie, Wille, Zeitzentrum, Denkzentrum, Heilungszentrum, Limbisches Zentrum, Sexualzentrum, Sehzentrum, Gehörzentrum (Störung), Hautzentrum, Zentrum der Trauer, Zentrum des Verantwortungsbewußtseins, Zentrum der Nächstenliebe, Zentrum des Erinnerungsvermögens, alle Chakras!

Der Diamant gehört zu den frequenzreichsten Steinen (60 Frequenzen). Als dichtestes Material mit seinen außergewöhnlichen lichtbrechenden und reflektierenden Eigenschaften kann er in besonderer Weise alle Energiezentren stark anregen, vor allem das Scheitelchakra und Blockaden beseitigen. Er muß daher mit Vorsicht eingesetzt werden. Von einem Dauereinsatz ist abzuraten.(Außer in Ausnahmefällen sollte Diamantschmuck nachts auf jeden Fall abgelegt werden).

Bemerkenswert ist seine Breitband-Anwendungsmöglichkeit auf Knochengerüst und Gelenke, d. h. die dichteste Form unseres Organismus. Weiterhin auf das Verdauungssystem durch das Element „Kohlenstoff", den neuropsychischen Bereich und die Energiezentren. (Kohlenstoff wird in Form von Tierkohle bzw. Aktivkohle medizinisch bei Vergiftungen und bei Verdauungsstörungen eingesetzt.) Einige in der Literatur und bei der Hildegard-Medizin behaupteten Wirkungen, z. B. bei Gelbsucht, lassen sich nur durch die entgiftende und neutralisierende Eigenschaft des Kohlenstoffs erklären.

Zuordnung zu Sternzeichen:

Steinbock, Fische, Widder, Stier, Löwe, Waage

 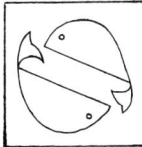 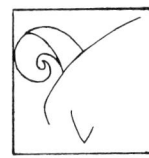 

Edeltopas (echter Goldtopas)

Mineralname: Topas

Chemische Formel und Bezeichnung: $Al_2 [(F,OH)_2 / SiO_4]$
fluorhaltiges Tonerdesilikat

Mineralklasse: Silikate

Kristallsystem: rhombisch

Härte: 8

Farbe: hell- bis goldgelb aber auch farblos, rosa, braunrot, grünlich und blau, je nach Art der „Verunreinigung" durch Spurenelemente (Metalle),(gelb und blau durch Eisen, rosa und grün durch Chrom.)
Veränderung durch Sonnenlicht

Vorkommen und Verbreitung:	wichtigstes „pneumatolytisches" Mineral (Entstehung im Endstadium der magmatischen Phase bei der Gesteinsbildung aus dem gasförmigen bzw. flüssigen in den festen Zustand.) Kommt zusammen mit Quarz, Fluorit, Turmalin, Beryll usw. in Drusen und Gängen vor. Die bekannteste Fundstelle in Deutschland war der „Schneckenstein" im Erzgebirge (Topasfeld). Andere Fundorte in der Ukraine, in Norwegen, Australien, Birma, Mexiko, Namibia, Kalifornien, Brasilien. Größter Fundstein (100 kg) 1965 in der Ukraine.

Für den Namen gibt es verschiedene Deutungen. Der Sage nach soll auf einer Insel im Roten Meer von Schiffbrüchigen ein Stein gefunden worden sein, den sie auf arabisch „topazas" (gesucht und gefunden) genannt haben sollen. Eine andere Version leitet den Namen vom altindischen „tapas" ab = Glut.

Varietäten:

- indischer oder orientalischer Topas = gelber Korund

- occidentalischer, schottischer, spanischer Topas, Goldtopas = Citrin (gelber Quarzkristall)

- Madeiratopas, Topasquarz, Spanischer Topas = gebrannter Amethyst.

- Falscher Topas = gelber Fluorit. Alle haben mineralogisch mit dem Edeltopas nichts zu tun. Echte Varietäten sind nur o. a. farbliche Abarten des echten Edeltopas, die jedoch nicht durchgemessen wurden und wegen der andersartigen Verunreinigungen sicher andere Heilwirkungen aufzuweisen haben, was z.B. beim „blauen Topas" auch aus der einschlägigen Literatur hervorgeht.

Heilwirkungen auf:

1. Knochengerüst, Gelenke
Brustwirbelsäule, Arthrose, Gicht, Schulter-Armsyndrom, Nackenverspannung, Polyarthritis, Rheuma im Nacken, Ellbogengelenke

2. Verdauungssystem

Darmgeschwür, Lebervorsteuerung, Leber, Polypen im Darm

3. Haut, Gewebe, Muskeln
Muskelkater, Narbenverheilung, Neurodermitis, Sonnenbrand, Ödeme, Zahnfleischentzündung, Schuppenflechte, endogenes Ekzem

4. Herz, Lunge, Kreislaufsystem, Adern, Blut
Bluttemperatur zu niedrig, Bluterguß unter der Schädeldecke, Krampfadern, Raucherbein, Hämorrhoiden, Lungenblähung, Anämie, Kapillaren, Asthma

5. Uro-, Genitalbereich
Monatszyklus, Eierstöcke

6. Nervensystem, psychische Probleme, Drüsen, Augen
Nervenzentrum, Epiphyse, Trigeminusnerv, Augen, Sehzentrum, Augen (klarer sehen), Sehstörung, grauer Star, grüner Star, Stirnkopfschmerzen, Bettnässen, Sympathicus, Vagus, Nerven, Schlafstörung, Tiefschlaf, Depression, Thymusunterfunktion, mangelnder Lebensmut, Asthma, Heuschnupfen, Unterfunktion aller endokrinen Drüsen.

7. Hals-, Nasen-, Ohrenbereich, Zähne
Erkältung, Kehlkopf, Stimmbänderreizung, Halsentzündung, Heuschnupfen

8. Sonstiges
Schnarchen, Salzverlustsyndrom, allgemeine Aufladung, Heilungszentrum, Lebenskraft, Zentrum der Freude, Zentrum der Trauer, Halschakra

Nicht bestätigte Heilwirkungen
Hitzewallungen, Lepra, Milz (bei Hildegard zusammen mit Maulbeere!), Bluthochdruck, Epilepsie, Gallenleiden, Appetitlosigkeit.

Der Topas ist ein guter „Augenstein", auch im psychischen Bereich (z.B. etwas nicht einsehen wollen). Er hilft bei verschiedenen psychischen Problemen wie Depressionen, Schlafstörungen, Asthma, Heuschnupfen.

Zuordnung zu Sternzeichen:

Steinbock, Fische, Widder, Zwillinge, Löwe, Jungfrau, Waage, Skorpion, Schütze

 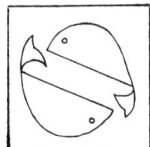  

  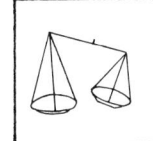 

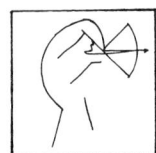

Granat (Almandin)

Mineralname: Granat (Almandin)
Es wurde nur ein Almandin-
Mischkristall vermessen
(Mischkristall mit Anteilen
von Pyrop und Spessartin)

Chemische Formel und Bezeichnung: $Fe_3Al_2 [SiO4]_3$
Eisen-Aluminiumsilikat

Mineralklasse: Silikate

Kristallsystem: kubisch

Härte: 6,5 - 7

Farbe: schwarzbraun - blutrot

Vorkommen und Verbreitung: charakteristisch für metamorphe
Gesteine z. B. Gneis, Glimmerschiefer,

Dolomit, kristalliner Kalk usw. .
Granatvorkommen gibt es daher
weltweit. Bei uns ist er häufig in den
Zentralalpen zu finden, z.B. Hohe
Tauern (Granatspitze), Ötztal,
eingewachsen in Chlorit- und
Glimmerschiefern, in Gneisen.
Fundstellen auch im Harz, im Spessart,
Thüringer Wald, Kaiserstuhl.

Der Name kommt aus dem lateinischen „granum" = Korn. Im Altertum
wurde er auch „Karfunkel" (lateinisch carbunculum) genannt, einer
Sammelbezeichnung für alle roten Steine z. B. auch Rubin. Der Name
„Almandin" stammt von der kleinsaiatischen Stadt „Alabanda".

Varietäten:
Bei „Granat" handelt es sich um eine ganze Gruppe von Mineralien,
die in ihren chemischen Bausteinen ähnlich sind, aber sich in der Zu-
sammensetzung der einzelnen Glieder unterscheiden. Die einzelnen,
in der Natur kaum rein, sondern immer gemischt vorkommenden
Glieder führen eigene Namen:
  Pyrop (blutrot) Böhmischer Granat
  Almandin (rot,braun) am häufigsten
  Spessartin (schwarz/rot/organge) selten
  Grossular (grün)
  Andradit (braun/farblos/grün/schwarz)
  Uwarowit (grün) Chromgranat, sehr selten

Heilwirkungen auf:

1. Knochengerüst, Gelenke
Stirnknochen, Schultergelenk

2. Verdauungssystem
zu wenig Magensäure, Stoffwechsel, Magen-Mittelteil

3. Haut, Gewebe, Muskeln
Muskulatur, Zellulitis, degenerative Hautkrankheiten, Haarwurzeln,
Fußnägel, Fingernägel, Pilzinfektion

4. Herz, Lunge, Kreislaufsystem, Adern, Blut

Blutarmut (Anämie), Lungenfibrose, Herzzentrum, Durchblutungsstörungen, offene Beine, Venenentzündung, Krampfadern

5. Uro-, Genitalbereich

Potenzschwäche, Hodenkrebs, Frigidität, Eileiter, Geschlechtskrankheiten, Nierenzysten(Auflösung), Pilzinfektion

6. Nervensystem, psychische Probleme, Drüsen, Augen

Sehzentrum, Wetterfühligkeit, Tablettensucht, limbisches Zentrum

7. Hals-, Nasen-, Ohrenbereich, Zähne

Sinusitis, Bronchien, Halszentrum, Karies

8. Sonstiges

Wurzelchakra, Halschakra, limbisches Zentrum, Halszentrum, Sehzentrum, Herzzentrum

Nicht bestätigt werden können angebliche Wirkungen auf Arthritis,
Leber, Nieren, Schilddrüse, Hitzewallungen, Depressionen, Kopfschmerzen. Man muß auch die verschiedenen Granatarten wegen der
unterschiedlichen chemischen Bestandteile differenziert betrachten.
Trotz seiner Beliebtheit ist er sicher kein großer „Breitbandheilstein"
(nur 17 Frequenzen).

Zuordnung zu Sternzeichen:

Wassermann, Widder, Zwillinge, Jungfrau, Skorpion

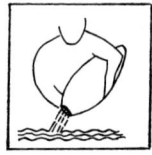 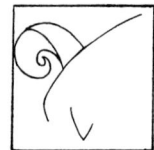  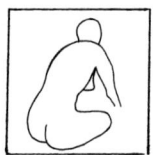

Hämatit (Blutstein)

Mineralname: Hämatit, Eisenglanz

Chemische Formel und Fe_2O_3
Bezeichnung: Eisenoxid

Mineralklasse: Oxide

Kristallsystem: trigonal

Härte: 5,5 - 6,5

Farbe: stahlgrau, eisenschwarz,
schwarzbläulich, bunt angelaufen

Vorkommen und   weit verbreitet als Eisenerz
Verbreitung: (wichtigste Eisenvorkommen)
hauptsächlich in dicken Sediment-
lagern, auch in Gängen hydrothermal
und pneumatolytisch.

Kristalle aus alpinen Klüften in der Schweiz und von Elba (zusammen mit Pyrit) und bei uns im Siegerland und in der Eifel. In der Regel sind die Vorkommen aber derb, faserig, schuppig, nierig. Die getrommelten und geschliffenen Schmucksteine sind oft Gemenge aus Hämatit und Magnetit und kommen aus Brasilien (Minas Gerais).

Der Name Hämatit kommt vom griechischen „haima" = Blut und bedeutet soviel wie Blutstein, Blutmineral (Beim Schleifen färbt sich der Schleifstaub mit Wasser blutrot).

Varietäten:
Magnetit (gleiche Farbe).
Unterschied: Magnetit ist magnetisch, d. h. wird von einem Magneten angezogen und hat ein anderes Kristallsystem.

In ihren Heilwirkungen sind beide identisch.

Heilwirkungen auf:

1. Knochengerüst, Gelenke
Knochenmark, Oberkiefervereiterung, Rheuma in den Füßen, Bluterguß unter der Schädeldecke nach Stürzen, Wetterfühligkeit bei Splitterbruch

2. Verdauungssystem
Stoffwechsel, Blutzucker zuviel, zu wenig Insulin

3. Haut, Gewebe, Muskeln
Trockene Haut, Muskelkater, offene Beine, Raucherbein

4. Herz, Lunge, Kreislaufsystem, Adern, Blut
Herzbeutelentzündung, Durchblutungsstörungen, mangelnde Sauerstoffversorgung, Blutarmut (Anämie), Verschluß der Arterien, Herzmuskelschwäche

5. Uro-, Genitalbereich

Monatszyklus, Menstruation, Monatsbeschwerden, Prostata, Potenz-schwäche, Potenzstörung

6. Nervensystem, psychische Probleme, Drüsen, Augen

Nervensystem, Trigeminusnerv, Epiphyse, limbisches Zentrum, Bauch-speicheldrüse, Sehzentrum, mangelnde Tränenbildung, Heuschnupfen

7. Hals-, Nasen-, Ohrenbereich, Zähne

Erkältung, Kehlkopf, Heiserkeit, Bronchien, Polypenrückbildung, Heu-schnupfen, Schnarchen

8. Sonstiges

Allgemeine Aufladung, Lebensenergie, Heilungszentrum, schlechter Heilungsprozeß, Zeitzentum, Abwehrzentrum, Halschakra, Verlust des Selbstverantwortungsbewußtseins

Nicht gefunden wurden Heilwirkungen auf Lunge, Leber, Milz, Nieren, Hysterie, Selbstsucht. Hämatit (und Magnetit) sind bemerkenswerte Heilsteine für alle mit dem Blut zusammenhängenden Probleme (der rote Blutfarbstoff „Hämoglobin" hat eine Eisenbasis).

Zuordnung zu Sternzeichen:

Widder, Jungfrau, Skorpion

 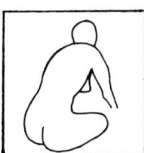 

Heliotrop (Blutjaspis)

Mineralname:	Quarz (Chalcedon)
Chemische Formel und Bezeichnung:	SiO_2 Siliziumoxid
Mineralklasse:	Oxide
Kristallsystem:	trigonal
Härte:	7
Farbe:	dunkelgrün mit roten Punkten aus Eisenoxid (Hämatit)
Vorkommen und Verbreitung: Siehe auch „Bergkristall" und „Chalcedon"	Der feinkristalline Heliotrop in Edelsteinqualität kommt vorwiegend aus Indien.

Der Name stammt aus dem griechischen („helios" = Sonne und „tropos" = sich drehen). Heliotrop heißt eine Pflanze mit roten Blüten, die sich jeweils der Sonne zuwenden (Deutsche Pflanzenbezeichnung: Sonnenwende).

Varietäten:
Jaspis und alle anderen Chalcedone

Der Heliotrop hat völlig andere Heilwirkungen als der Jaspis.

Heilwirkungen auf:

1. Knochengerüst, Gelenke
Knochenmark, Rheuma in den Füßen

2. Verdauungssystem
Keine

3. Haut, Gewebe, Muskeln
Auflösung von Fettgewebe, Haarwuchs, Hautzentrum

4. Herz, Lunge, Kreislaufsystem, Adern, Blut
Blutarmut (Anämie)

5. Uro-, Genitalbereich
Potenzschwäche, Potenzstörung

6. Nervensystem, psychische Probleme, Drüsen, Augen
Sehzentrum, limbisches Zentrum, epileptische Anfälle

7. Hals-, Nasen-, Ohrenbereich, Zähne
Erkältung, Heiserkeit

8. Sonstiges
Lebensenergie, Herzchakra, Halschakra, Heilungszentrum

Keine Heilwirkung kann für Leber, Nieren, Blase, Milz, Durchblutungsstörung, Herz, Krämpfe festgestellt werden.

Im Gegensatz zum Jaspis ist der „Blutjaspis" sicher kein großer umfassender Heilstein. Lediglich für Herz- und Halschakra, Sehzentrum, Hautzentrum, limbisches Zentrum, Heilungszentrum und Lebensenergie ist er wohl ein guter energetischer Anreger.

Zuordnung zu Sternzeichen:

Widder

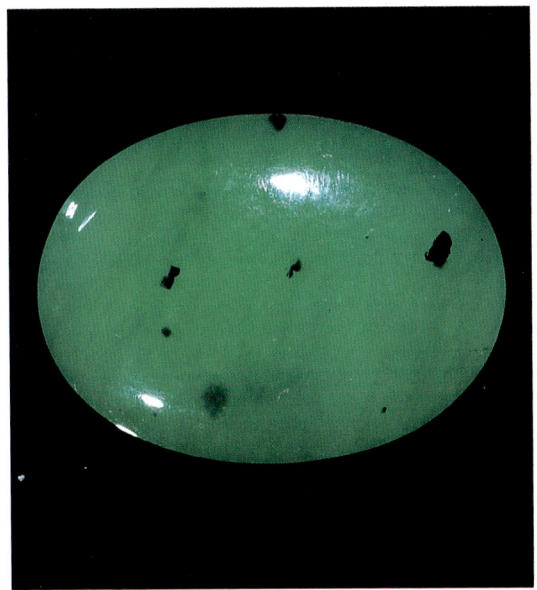

Jade

Mineralname: ⋅

Als „Jade" werden verschiedene Mineralien gehandelt:

<u>1. Nephrit</u>
      (Amphibolgruppe, Aktinolith, Hornblende)
<u>2. Jadeit</u>
      (Augitgruppe, Pyroxene)
<u>3. Serpentin</u>
      (fälschlich als Jade bezeichnet)

Für den Laien gibt es eine verhältnismäßig einfache Möglichkeit zur Unterscheidung der drei Mineralien: Nur Serpentin läßt sich mit dem Taschenmesser ritzen. Jadeit schmilzt mit gelblicher Flammenfärbung in einer Gasflamme (Bunsenbrenner), Nephrit nicht.

Chemische Formel und	**Nephrit**
Bezeichnung:	$Na_2Ca_4(Mg,Fe)_{10}[(OH)_2|Si16O_{11}]$
	(Natrium-Calcium-Magnesium-Eisensilikat)

Jadeit
$NaAl (Si_2O_6)$
(Natrium-Tonerde-Silikat)

Serpentin
$Mg_6[(OH)_6|Si_4O_{11}] H_2O$
(wasserhaltiges Magnesiumsilikat)

Mineralklasse: Silikate

Kristallsystem:

Nephrit
monoklin, fasrige Kristalle,
verfilzte Aggregate

Jadeit
monoklin, selten gute
Kristalle, meist körnig

Serpentin
meist keine Kristalle,
dichte feinfasrige Massen

Härte: Nephrit: 6 - 6,5

Jadeit: 6,5

Farbe:

Nephrit
grün, olivgrün bis schwarz

Jadeit
viele Grünschattierungen, weißlich
mit smaragdgrünen Flecken, aber
auch schwarz, braun, rosa, orange-
braun, lavendel

Vorkommen und Verbreitung:	Die Nephrit-Jade-Vorkommen in Edelsteinqualität in Kinhiang und Birma sind erschöpft. Es gibt dort nur noch Jadeit. Die Masse des Nephrit-Jade kommt daher heute aus British-Columbia/Canada und geht zur weiteren Bearbeitung vorwiegend nach China. Ansonsten sind beide Mineralien weltweit verbreitet (Bei uns in den Zentralalpen).

Der Name „Jade" kommt aus dem spanischen „L'ejade" = die Kolik. Die Indianer zeigten den Conquistadoren als Mittel gegen Magenbeschwerden das Einreiben der Magengegend mit Jade. Tatsächlich ist die Frequenz für Magengeschwüre und Überschuß an Magensäure in Jadesteinen zu finden. Untersucht wurde allerdings nur Nephrit.

Heilwirkungen auf:

1. Knochengerüst, Gelenke
Halswirbelsäule, Ellenbogengelenkentzündung, Zellerneuerung Knochen, Rheuma in den Füßen, Polyarthritis, Daumen

2. Verdauungssystem
Zu viel Cholesterin, zu viel Magensäure, Magengeschwüre, Gallenblase, Lebervorsteuerung, Lebersteuerung, Leberzirrhose, Diabetes, Dickdarmentzündung, Mastdarmlähmung, Appetitlosigkeit

3. Haut, Gewebe, Muskeln
Krebs, Tumor, Zellerneuerung, Zellwucherung (faseriger Nephrit = Asbest!) Muskelaufbau, Muskelkater, Entwässerung, Ödeme, Vergrößerung des Busens, Hautzentrum, Haarwuchs

4. Herz, Lunge, Kreislaufsystem, Adern, Blut
Verschluß der Arterien, Bluthochdruck, Herzmuskelschwäche, Milz

5. Uro-, Genitalbereich:
Potenzschwäche, Gebärmuttersenkung, Nierenschrumpfung, Verklemmung, sexuelle Erregung der Frau, Monatszyklus

6. Nervensystem, psychische Probleme, Drüsen, Augen

Limbisches Zentrum, Nervensystem, Epiphyse, Thymusdrüse, Trige-minusnerv, Facialislähmung, Nervenentzündung, Sympaticus-System-störung, Frustration, Migräne, Depression, Magersucht, Verklemmung, Koma, epileptische Anfälle, Tiefschlaf

7. Hals-, Nasen-, Ohrenbereich, Zähne

Polypenrückbildung, Erkältung, Grippe, Kehlkopf, Heiserkeit, Keuch-husten

8. Sonstiges

Koma, allgemeine Aufladung, Heilungszentrum, schlechter Heilungs-prozeß, Lebensenergie, Tapferkeit, Erzeugung von Tiefschlaf, Zeit-zentrum, Selbstsicherheit, Herzchakra

Wirkungen auf Kreislauf, Hitzewellen, Schwitzen, Sonnenbrand, Augen, Stoffwechsel, Schilddrüse und andere Energiezentren konnten nicht festgestellt werden. Vielleicht können diese in „Jadeit" gefunden wer-den. Wegen seiner Asbesthaltigkeit ist Vorsicht bei längerfristiger An-wendung geboten!

Zuordnung zu Sternzeichen:

Wassermann, Stier, Zwillinge, Waage

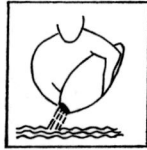   

Jaspis

Mineralname:	Calcedon (Quarz)
Chemische Formel und Bezeichnung:	SiO_2 Siliziumoxid
Mineralklasse:	Oxide
Kristallsystem:	trigonal
Härte:	7
Farbe:	braunrot, braun, grün
Vorkommen und Verbreitung:	Jaspis ist ein äußerst feinkristalliner Quarz, der durch Eisen, Mangan und andere organische und anorganische Verunreinigungen undurchsichtig gefärbt ist. Er kommt durch die große Verbreitung des Quarzes weltweit vor.

Varietäten:	Heliotrop (Blutjaspis, grün mit roten Hämatitpunkten)
	Feuerstein (vorwiegend grauer Jaspis mit Opal durchsetzt)
	Moosachat (farblos mit moosähnlichen Einlagerungen aus grüner Hornblende)
	(siehe auch „Bergkristall")

Heilwirkungen auf:

1. Knochengerüst, Gelenke

Ischias, Rheuma, Gicht, Ellenbogengelenkentzündung, Knochenheilung, Knochenwucherung, steifes Genick mit Kopfschmerzen, Bandscheibenverschleiß, Wirbelsäulenverkrümmung, Schleimbeutelentzündung

2. Verdauungssystem

Blähungen, Völlegefühl

3. Haut, Gewebe, Muskeln

Pigmentbildung, Allergien durch Nahrungsmittel, Zellerneuerung der Haut, Zehennägel, Schuppenflechte, Grützbeutel, Gürtelrose, Schleimhautentzündung

4. Herz, Lunge, Kreislaufsystem, Adern, Blut,

Herzmuskel, Herzscheidewand, Herzkranzgefäße, Herzkranzgefäßverengung, Angina pectoris, Herzinfarkt, Herzschwäche links, Anämie, Lungenentzündung

5. Uro-, Genitalbereich

Geschlechtskrankheiten, Pilzinfektion, Nieren, Nierenbeckenentzündung, Nierenzystenauflösung, Harnleiter, harntreibend, Vorhaut, Potenzschwäche

6. Nervensystem, psychische Probleme, Drüsen

Vagusanregung, Milchdrüsenunterfunktion, Epilepsie, Einschlafstörungen, Wärme-, Kälteempfinden, schweißtreibend

7. Hals-, Nasen-, Ohrenbereich, Zähne

Kehlkopf, Heiserkeit, Schnupfen, Schleimhautentzündung, Sinusitis, Halsentzündung, Bronchien, Bronchialkatarrh, Asthma, Heuschnupfen

8. Sonstiges

Entzündungen, Halschakra, Sehzentrum, Zentrum der Nächstenliebe.

Eine Auswirkung auf Blase, Gallenblase, Leber, Verdauung, Schlangenbisse (Nattern) kann allenfalls nur in der entzündungshemmenden Eigenschaft des Steins gesehen werden. Bei Giftschlangenbissen (Vipern) sollte man sich jedoch lieber sofort in ärztliche Behandlung begeben!

Der Stein mit 29 ermittelten verschiedenen Frequenzen ist sicher gut einsetzbar bei allen Arten von Entzündungen, vorwiegend im HNO-Bereich und bei allen entzündlichen rheumatischen Erkrankungen sowie bei Herzproblemen durch angina pectoris (Übereinstimmung mit Hildegardmedizin).

Zuordnung zu Sternzeichen:

Wassermann, Krebs, Jungfrau, Skorpion

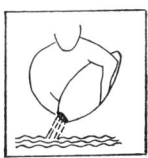  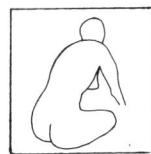 

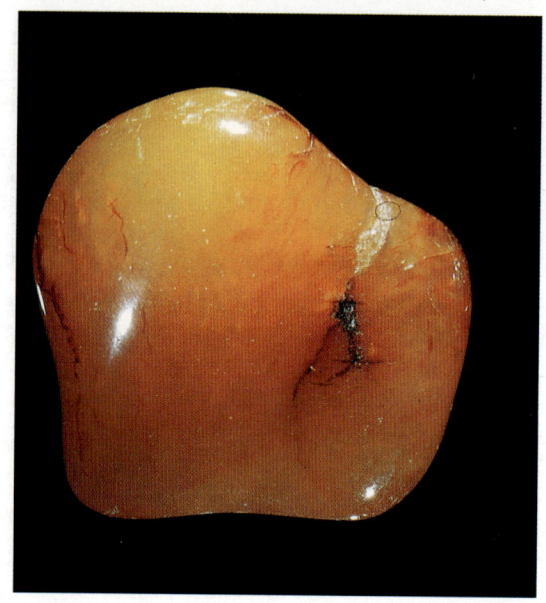

Karneol

Mineralname:	Chalcedon (Quarz)
Chemische Formel und Bezeichnung:	SiO_2 Siliziumoxid
Mineralklasse:	Oxide
Kristallsystem:	trigonal
Härte:	7
Farbe:	rot (durch Eisenoxid)

Vorkommen und Verbreitung:

Der durchscheinende Karneol gehört zur Chalcedongruppe, einer homogenen, dichten, aus kleinsten Kristallen aufgebauten Quarzart. Seine Färbung erfolgt durch Eisenoxid im Unterschied zum „Sarder", dessen mehr bräunliche

Farbe von Eisenhydroxid verursacht wird. Beide Steine werden oft verwechselt. Sarder wird auch durch Brennen oder künstliches Färben zum falschen „Karneol" verwandelt. Echter, schöner Karneol kommt aus Indien. Die meisten gehandelten stammen heute aus Urugay und Brasilien (Achate) und werden erst bei uns durch Färben und Brennen „veredelt".

Der Name ist lateinisch (carnis = Fleisch) und bedeutet „Der Fleischfarbene".

Varietäten:

- Achat
- Moosachat
- Jaspis
- Heliotrop

- Feuerstein
- Sarder
- Onyx
- Chrysopras

Heilwirkungen auf:

1. Knochengerüst, Gelenke
Schleimbeutelentzündung, Schultergelenk, Ischias, Rheuma, Gicht, Rheuma in den Füßen, Ellbogengelenkentzündung, Knochenheilung, Kiefersperre, steifes Genick mit Kopfschmerzen, Knochenwucherung, Verkrümmung der Wirbelsäule, Plasmozytom

2. Verdauungssystem
Peristaltik, Dickdarmentzündung, Blähungen, Völlegefühl, Schließmuskelerschlaffung Darm, Stoffwechsel, Leberzirrhose

3. Haut, Gewebe, Muskeln
Allergie durch Nahrungsmittel, Muskulatur, Haarwurzeln, Fußnägel, Fingernägel, Pigmentbildung, Zellerneuerung der Haut, Gürtelrose, Schuppenflechte, Haarfarbenverlust, Schwitzen, schweißtreibend, Schleimhautentzündung

4. Herz, Lunge, Kreislauf, Adern, Blut

Asthma, Anämie, Herzmuskel, Herzschwäche links, Angina pectoris, Herzkranzgefäße, Herzkranzgefäßverengung, Herzinfarkt, offene Beine, Krampfadern, Durchblutungsstörung, mangelnde Sauerstoffversorgung

5. Uro-, Genitalbereich

Sexualzentrum, sexuelle Steuerung (Mann), Geschlechtskrankheiten, Vorhaut, Potenzschwäche, Orgasmusschwäche (männlich), Hoden, Nebennieren, Nierensteinauflösung, Nierensteine (Zertrümmerung), Nieren, Nierenbeckenentzündung, Nierenzystenauflösung, Pilzinfektion in Unterleib, Harnleiter, harntreibend, Harnblasensyndrom

6. Nervensystem, psychische Probleme, Drüsen, Augen

Milchdrüsenunterfunktion, Harnblasensyndrom, Angst, Teillähmung des Unterkörpers, Störung im Sprachzentrum, Konzentrationslosigkeit, Schwitzen, Epilepsie, Wärme-Kälteempfinden

7. Hals-, Nasen-, Ohrenbereich, Zähne

Erkältung, Schleimhautentzündung, Schnupfen, Nase, Bronchien, Bronchialkatarrh, Halsentzündung, Fieber, Schwitzen, Abwehrschwäche, Sinusitis, Heuschnupfen, Asthma

8. Sonstiges

Zentrum der Nächstenliebe, Heilungszentrum, Lebensenergie, Limbisches Zentrum, Sexualzentrum, Sehzentrum, Fieber, Entzündungen, Wurzelchakra, Milzchakra (Bauchchakra), Halschakra

Beim Karneol mit seinen 43 verschiedenen Frequenzen fällt die weitgehende Übereinstimmung mit dem Jaspis (29 Frequenzen) auf. Mit seinen zusätzlichen Werten verstärkt er die Wirkung des Jaspis auf Herz und Nieren und seine Entzündungswidrigkeit. Zusätzlich wirkt er insbesondere auf die unteren beiden Chakren, facht die Lebensenergie und das Sexualzentrum an und beseitigt Blockaden in diesem Bereich. Im Gegensatz zu dem mageren Anwendungsbereich in der „Hildegardmedizin" (Nasenbluten) muß man ihn daher zu den bedeutenden Heilsteinen zählen. Allerdings konnten Wirkungen auf Augen, Paradontose, Depressionen, Lymphe, Diabetes, Bluthochdruck und Ohren, außer im Hinblick auf seine Entzündungshemmung, nicht festgestellt werden.

Zuordnung zu Sternzeichen:

Widder, Stier, Zwillinge, Krebs, Jungfrau, Skorpion

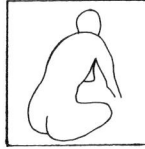 

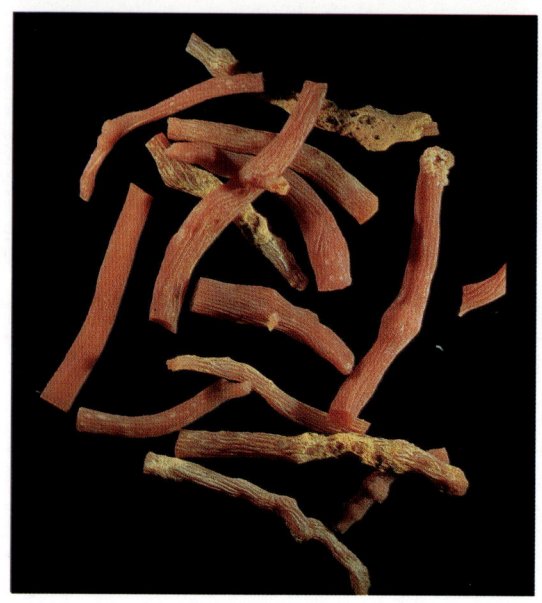

Koralle

Mineralname: Calcit (Kalkspat)
(teilweise Aragonit)

**Chemische Formel
und Bezeichnung:**   Ca [CO$_3$]
Calziumcarbonat, kohlensaurer
Kalk

Mineralklasse: Carbonate

Kristallsystem: trigonal

Härte: 3

Farbe: weiß, rosa, rot (Blutkoralle)

**Vorkommen und
Verbreitung:**   Korallen sind ein organisches
Produkt von Seetieren (Polypen).
Sie scheiden Calcit aus und bauen
sich damit ein äußeres Skelett

und zugleich eine Behausung.
Vorkommen in allen warmen Meeren
wie Mittelmeer und Südsee.
Es werden ganze „Gebirgsstöcke"
gebildet (Riffe) sowie Inseln (Südsee).

Heilwirkungen auf:

1. Knochengerüst, Gelenke
Rheuma in den Füßen

2. Verdauungssystem
Keine

3. Haut, Gewebe, Muskeln
Keine

4. Herz, Lunge, Kreislaufsystem, Adern, Blut
Herzzentrum

5. Uro-, Genitalbereich
Menstruation, Monatsbeschwerden

6. Nervensystem, psych. Probleme, Drüsen, Augen
Limbisches Zentrum

7. Hals-, Nasen-, Ohrenbereich, Zähne
Erkältung, Polypenrückbildung

8. Sonstiges
Lebensenergie, Heilungszentrum, schlechter Heilungsprozeß, Verlust
des Selbstverantwortungsbewußtseins

Untersucht wurde nur eine rote Blutkoralle. Über die festgestellten
Werte hinaus können in der Literatur angegebene Wirkungen wie z.B.
auf Gallensteine/Kolik, Appetitlosigkeit, Arthritis, Depressionen,
Lymphdrüsen, Knochenmark, Hämorrhoiden, Hepatitis, Verkalkung,
Hautunreinheiten nicht bestätigt werden.

Mit nur fünf festgestellten Frequenzen ist die Koralle als Heilstein praktisch unbedeutend.

Zuordnung zu Sternzeichen

Wassermann, Fische, Widder, Krebs, Waage, Skorpion

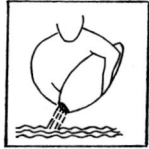   

Lapis Lazuli (Lasurstein)

Mineralname: Lasurit (Feldspatvertreter, Sodalithgruppe)

Chemische Formel und Berzeichnung: $(Na,Ca)_8[(SO_4,S,Cl)|(AlSiO_4)_3]$ Natrium/Calzium-Aluminiumsilikat mit Salz verbunden

Mineralklasse: Silikate

Kristallsystem: kubisch

Härte: 5 - 6

Farbe: dunkelblau, meist mit goldgelben Schwefelkieskörnchen gesprenkelt

Vorkommen und Verbreitung: Lasurstein kommt nur in feinkörnigen, dichten, derben Massen in nephelin-führenden Ergußgesteinen vor. Er ist

meist mit kleinsten Schwefelkieskörnchen und Kalkspat durchsetzt
oder mit Diopsid und farblosem
Glimmer vermengt. Hauptlieferländer
sind Afghanistan, Persien und Chile.

Der Name ist lateinisch und bedeutet wörtlich: „Lasurstein".

Varietäten:
der Sodalithgruppe (ohne Bedeutung als Schmuck- oder Heilstein):
Sodalith, Nosean, Hauyn

Heilwirkungen auf:

1. Knochengerüst, Gelenke
Knochenhautentzündung, Kreuzbein, Ischias, Rheuma im Lendenbe-
reich, Rheuma in den Füßen, Lendenwirbel, Phantomschmerzen,
Bandscheiben-Verschleiß

2. Verdauungssystem
Verdauungsstörung

3. Haut, Gewebe, Muskeln
Rückbildung von Hornhaut und Blasen, Schuppenflechte, trockene
Haut

4. Herz, Lunge, Kreislaufsystem, Adern, Blut
Kreislauf, Kreislaufstabilisierung, Adern, Krampfadern, Aorta, Durchblutungsstörung, zu viel Blutzucker (Insulinmangel)

5. Uro-, Genitalbereich
Menstruation, Harnblase

6. Nervensystem, psychische Probleme, Drüsen, Augen
Nerven, Nervenstärkung, Nervenaufbau, Sympaticus, Vagus, Vagus-
anregung, Trigeminusneuralgie, Hirnhautentzündung, Hypothalamus,
Hitzewellen, Bauchspeicheldrüse (Insulinmangel), Lymphsystem,
Lebensmut, Lebensenergie, Schlafstörungen, Angstzustände, Verlust
des Selbstverantwortungsbewußtseins

7. Hals-, Nasen-, Ohrenbereich, Zähne

Erkältung, Grippe, Bronchien, Mandelentzündung, Heiserkeit, Karies

8. Sonstiges

Stirnchakra, Lebensenergie, Heilungszentrum, limbisches Zentrum

Lapis Lazuli hat nur 19 Frequenzen aufzuweisen. Er hat aber eine große Wirkung auf das Stirnchakra und offenbar durch den Salzgehalt auf Blockaden durch Erkältungskrankheiten und Schuppenflechte. Behauptete Wirkungen auf Augen, Allergien, Lunge, Milz, Schilddrüse, Thymusdrüse, Blutkrankheiten, Epilepsie, können nicht bestätigt werden.

Zuordnung zu Sternzeichen:

Steinbock, Wassermann, Stier, Löwe, Waage, Schütze

 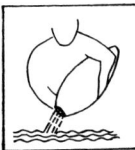  

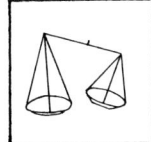 

Magnetit

Mineralname:	Magnetit, Magneteisen
Chemische Formel und Bezeichnung:	$Fe_3 O_4$ Eisenoxid
Mineralklasse:	Oxide
Kristallsystem:	kubisch (regulär)
Härte:	5,5 - 6
Farbe:	eisenschwarz, braunschwarz
Vorkommen und Verbreitung:	wichtiges, sehr verbreitetes Eisenerz in allen Eruptivgesteinen. In feinster Verteilung Bestandteile fast aller magmatischen Gesteine. Große Lagerstätten in Schweden (z.B. Kiruna, die größte

Magnetitlagerstätte der Erde,
1,5 Milliarden t), Finnland, Lothringen.
Bei uns Vorkommen in Sachsen,
Thüringen, Siegerland, Bayerischer
Wald. Magnetit verwittert zu Limonit
und Hämatit.

Der Name „Magnetit" soll vom griechischen Wort „magnetis lithos"
kommen = Stein aus Magnesia (Landschaft in Griechenland).

Varietäten:
Hämatit ($Fe_2 O_3$), nicht magnetisch,
anderes Kristallsystem

Die Heilwirkungen sind völlig identisch. Siehe daher unter „Hämatit".

Nicht bestätigt werden können folgende Heilwirkungen: Kopfschmerzen,
Hexenschuß, Krebs, Schlaf, Melancholie, Gelenkentzündung

Zuordnung zu Sternzeichen:

Jungfrau

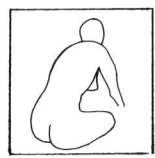

Malachit

Mineralname:	Malachit
Chemische Formel und Bezeichnung:	$Cu_2[(OH)_2|CO_3]$ Kupferkarbonat
Mineralklasse:	Carbonate
Kristallsystem:	monoklin
Härte:	3,5 - 4
Farbe:	smaragdgrün, blaugrün, schwarzgrün, hellgrün
Vorkommen und Verbreitung:	Das Mineral kommt meist derb in nierigen, traubenförmigen Zusammenballungen vor. Kristalle sind oft dünne, nadelförmige Büschel. Achatartige Bänderung ist häufig zu beobachten. Es

entsteht bei der Verwitterung
von Kupfererzlagerstätten.
Riesige Vorkommen im Ural, in Chile
in Zaire, Rhodesien, Namibia. Große
Vorkommen auch in USA in Arizona.
Bei uns Fundstellen im Siegerland
und im Harz.

Der Name kommt vom griechischen Wort „malche" = Malve wegen
seiner malvengrünen Farbe.

Varietäten: Azurit (Kupferlasur, dunkelblau)
Malachit und Azurit trifft man häufig
gemeinsam an

Heilwirkungen auf:

1. Knochengerüst, Gelenke
Brustwirbelsäule, Knochenwucherung, steifes Genick (mit Kopf-
schmerzen), Rheuma, Hexenschuß, Rückenmark, Rheuma in den
Füßen, Kiefersperre

2. Verdauungssystem
Magen-Mittelteil, Magensäure zuviel, Peristaltik, Collitis (Dickdarmentzündung), Darmgeschwür, Darmentzündung

3. Haut, Gewebe, Muskeln
Rippenfell, Rippenfellentzündung, Hautzentrum, Haarwuchs, Zahnfleischentzündung, Blasen, Brandblasen, Schuppenflechte, Muskelkater

4. Herz, Lunge, Kreislaufsystem, Adern, Blut
Kapillaren, Herzmuskel, Bluttemperatur zu niedrig, Keuchhusten

5. Uro-, Genitalbereich
Monatszyklus, sexuelle Erregung der Frau, Gebärmutterzyste, Potenzschwäche, Nierensteine, Nierensteinzertrümmerung, Nebennierenunterfunktion

6. Nervensystem, psychische Probleme, Drüsen, Augen
limbisches Zentrum, Stirnkopfschmerzen (Capillaren), steifes Genick

mit Kopfschmerzen, Migräne, Frustration (weiblich), Magersucht, Hornhaut (Auge), Weitsichtigkeit, Phantomschmerzen, Zirbeldrüse, Bettnässen, Rückenmark

7. Hals-, Nasen-, Ohrenbereich, Zähne
Erkältung

8. Sonstiges
Heilungszentrum, Lebensenergie, Herzchakra

Ein Einfluß auf Asthma, Augenstar, rote Blutkörperchen, Bauchspeicheldrüse, Entgiftung, Geschwüre, Kreislauf, Krebs, Leukämie, Angstzustände, Schlafprobleme, MS, Parkinson, Hämorrhoiden, Monatsbeschwerden und Milchdrüsen werden in der Literatur auch genannt, konnten aber nicht festgestellt werden.

Bemerkenswert ist die Wirkung gegen alle Arten von Kopfschmerzen!

Zuordnung zu Sternzeichen:

Steinbock, Widder, Stier, Krebs, Waage

Mondstein (Adular)

Mineralname: Orthoklas (Kalifeldspat)

Chemische Formel und Bezeichnung: $K[AlSi_3O_8]$
Kalium-Aluminiumsilikat

Minerlaklasse: Silikate

Kristallsystem: Monoklin

Härte: 6

Farbe: weiß, seidenglanz, bläulich, weißlich, wie Mondlicht schimmernd

Vorkommen und Verbreitung: mit „Plagioklas" das häufigste Silikat der Erde (in magmatischen Gesteinen). Es gibt Riesenkristalle mit Tausenden von Tonnen Gewicht in

Norwegen. Vorkommen weltweit, besonders in Elba, Böhmen, Schottland, Spanien, Kanada, USA, Schweden, England (Cornwall). Bei uns: Schlesien, Fichtelgebirge und viele Fundorte in den Zentralalpen. Mondstein kommt vorwiegend aus Sri Lanka und Brasilien.

Der Name kommt von seinem Mondlicht-Seidenglanz.

Varietäten: Orthoklas (weiß, rötlich, gelblich, fleischfarben, grau)
Amazonit (grün durch Kupfer verunreinigt)

Heilwirkungen auf:

1. Knochengerüst, Gelenke
Hüftgelenksarthrose, Ellbogengelenkentzündung

2. Verdauungssystem
Darmentzündung, Collitis (Dickdarmentzündung), Diabetes, Magengeschwür, Lebersteuerung

3. Haut, Gewebe, Muskeln
Haut fettig, Warzen, Zwerchfell, Sehnenschwäche, Fettansatz, Ödeme, Entwässerung, Abszesse

4. Herz, Lunge, Kreislaufsystem, Adern, Blut
Keine

5. Uro-, Genitalbereich
Eileiterentzündung, Nebennierenunterfunktion, Potenzschwäche

6. Nervensystem, psychische Probleme, Drüsen, Augen
Bauchspeicheldrüse (zu wenig Insulin), Lymphe, Epiphyse, Thymusdrüse, Thalamus, Sympaticus-Systemstörung, innere Unruhe, Epilepsie, Fettsucht, grauer Star

7. Hals-, Nasen-, Ohrenbereich, Zähne

Nase, Schnupfen, Erkältung, Kehlkopf, Nasennebenhöhlenvereiterung

8. Sonstiges

Brechzentrum, schlechter Heilungsprozeß, Salzverlustsyndrom

Eine Wirkung auf die Wirbel/Wirbelsäule kann nicht bestätigt werden.

Zuordnung zu Sternzeichen:

Wassermann, Fische, Stier, Zwillinge, Krebs, Waage

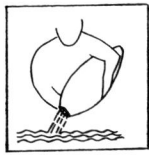   

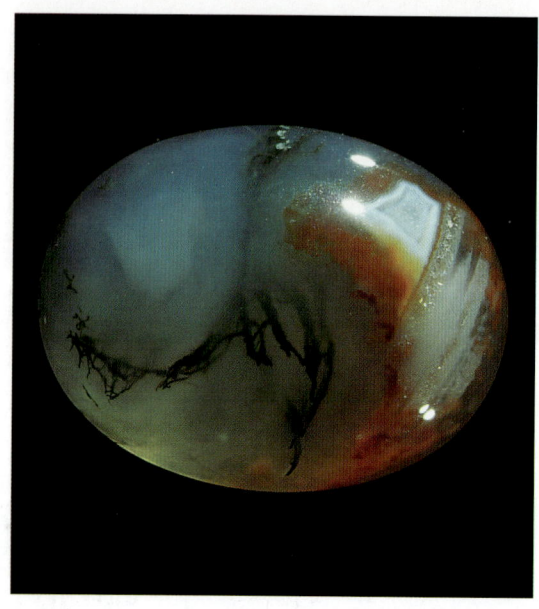

Moosachat

Mineralname:	Chalcedon (Quarz feinkristallin mit Hornblendeeinlagerungen)
Chemische Formel und Bezeichnung:	SiO_2 Siliziumoxid
Mineralklasse:	Oxide
Kristallsystem:	trigonal
Härte:	7
Farbe:	farblos, bräunlich, bläulich, gräulich mit grünlichen, moosähnlichen Einlagerungen
Vorkommen und Verbreitung:	Die schönsten Moosachate kommen aus dem westlichen Indien und den

USA (Rocky Mountains)

Siehe auch „Bergkristall“ und „Chalcedon“

Der Name Achat stammt vom Fluß „Achates“ auf Sizilien.

Varietäten:
Chalcedon (graublau)
Achat (gebändert grau-weiß, schwarz, braun, gelb, rot)
Onyx (schwarz)
Carneol (rot)
Sarder (braun)
Chrysopras (grün)
Jaspis (rot/grün)
Heliotrop (grün mit roten Punkten)
Feuerstein (grau)
Opal (leuchtendfarbig, opalisierend)

Heilwirkungen auf:

1. Knochengerüst, Gelenke
Hüftgelenksarthrose, Arthritis, Rheuma

2. Verdauungssystem
zu viel Cholesterin, Appetitlosigkeit

3. Haut, Gewebe, Muskeln
Muskelkater, Hühneraugen, Haarwuchs, Hautzentrum, Warzen, Bindegewebsschwäche

4. Herz, Lunge, Kreislaufsystem, Adern, Blut
Verschluß der Arterien, Blutdruck zu niedrig, Cholesterinüberschuß

5. Uro-, Genitalbereich
Potenzschwäche und -störung, Gebärmutterzyste, Eileiterentzündung, Nierensteine

6. Nervensystem, psychische Probleme, Drüsen, Augen

Nervensystem, Trigeminusnerv, Epiphyse, Epilepsie, Appetitlosigkeit, Stauballergie

7. Hals-, Nasen-, Ohrenbereich, Zähne

Nase, Schnupfen, Erkältung, Kehlkopf, Heiserkeit, Stauballergie

8. Sonstiges

Selbstsicherheit, Verklemmung, Herzchakra

Darüberhinausgehende Wirkungen wie z.B. auf Bauchspeicheldrüse (Diabetes), Geschwüre, Lymphe, Milz, können nicht bestätigt werden. Mit nur 22 festgestellten Frequenzen zählt der Stein sicher nicht zu den „großen" Heilsteinen.

Zuordnung zu Sternzeichen:

Widder, Zwillinge, Krebs, Skorpion

Onyx

Mineralname:	Quarz (feinkristallin, Chalcedon)
Chemische Formel und Bezeichnung:	SiO_2 Siliziumoxid
Mineralklasse:	Oxide
Kristallsystem:	trigonal
Härte:	7
Farbe:	schwarz-weiß gebändert
Vorkommen und Verbreitung: (Siehe auch „Bergkristall" und „Chalcedon")	Brasilien, Indien, Madagaskar, bei uns Idar-Oberstein.

Der Name kommt aus dem griechischen onyx = Fingernagel. (Der Onyx ist zweifarbig gebändert wie ein Fingernagel).

Varietäten:

Karneolonyx (rot-weiß gebändert)
Sardonyx (braun-weiß gebändert)
Achat (mehrfarbig gestreift)
und sämtliche anderen Chalcedonarten.

Heilwirkungen auf:

1. Knochengerüst, Gelenke
Sudeck'sche Atrophie, Schleimbeutelentzündung

2. Verdauungssystem
Diabetes, Insulinregulierung, Stoffwechsel, zu viel Magensäure

3. Haut, Gewebe, Muskeln
Trockene Haut, Zellregeneration, Blasen, Brandblasen, Fingernägel, Schleimbeutelentzündung

4. Herz, Lunge, Kreislaufsystem, Adern, Blut
Offene Beine, Durchblutungsstörungen, Bluttemperatur zu niedrig, Fieber, Herzmuskelschwäche, Herzschwäche rechts, mangelnde Sauerstoffversorgung

5. Uro-, Genitalbereich
Nieren, Nierenbeckenentzündung, Harnblasensyndrom

6. Nervensystem, psychische Probleme, Drüsen, Augen
Verklemmung, Selbstsicherheit, Sudeck'sche Atrophie, Bauchspeicheldrüse, Milz, Nymphomanie, Angst, Harnblasensyndrom, Asthma, Zerebraldystonie, Wetterfühligkeit

7. Hals-, Nasen-, Ohrenbereich, Zähne
Halsentzündung, Fieber

8. Sonstiges
Wetterfühligkeit, Zentrum der Freude

Nicht bestätigt werden Wirkungen auf Haarausfall, tränende Augen, Gehör

Zuordnung zu Sternzeichen

Steinbock, Wassermann, Widder, Skorpion

 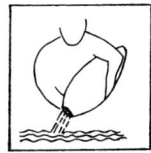 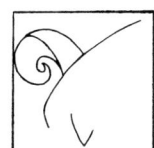 

Opal

Mineralname: Opal

Chemische Formel und Bezeichnung: SiO_2+nH_2O
wasserhaltiges Siliziumoxid
(bis zu 20% Wasseranteil)

Mineralklasse: Oxide

Kristallsystem: nicht kristallin
(gelartig, amorph)

Härte: 5,5 - 6,5

Farbe: farblos, milchig weiß, gelblich,
orangerot, grün, leuchtendfarbige
Reflexe, opalisierend

Vorkommen und Verbreitung: Bildung bei der Zersetzung von
Silikaten und von jungvulkanischen

Gesteinen, von Serpentin, beim Absatz heißer Quellen (Kieselsinter) sowie als Konkretionen aus kieselhaltigen Sedimenten (Feuerstein). Das „Opalisieren" kommt vom Wassergehalt des Opals. Er besteht aus mikroskopisch kleinen „Cristobalit"-Kügelchen, die mit Wasser gefüllt sind. Ebenso die Zwischenräume zwischen den Kügelchen. Die Lichtbrechung erfolgt an der Oberfläche der Kügelchen wie z. B. an einer Seifenblase. Edelopal findet sich besonders in Dubnik/Skowakei, in Mexico. Bei uns Fundstätten im Kaiserstuhl und in Schlesien (Frankenstein).

Der Name Opal kommt aus dem Sanskrit-Begriff „upala" für „Edelstein".

Varietäten:
Edelopal (regenbogenfarbig, opalisierend)
Feueropal (feuerrot, bernsteinfarben, hyazinthrot, durchsichtig)
Gemeiner Opal (undurchsichtig, ohne Farbenspiel)
Hyalith (farblos, durchsichtig)
Holzopal (durch Opal versteinertes Holz).

Geprüft wurde ein Feueropal.

Heilwirkungen auf:

1. Knochengerüst, Gelenke
Rheuma in den Füßen, Oberkiefervereiterung

2. Verdauungssystem
Verdauungsstörung

3. Haut, Gewebe, Muskeln
Polypenrückbildung

4. Herz, Lunge, Kreislaufsystem, Adern, Blut
Verschluß der Arterien , Blutarmut (Anämie), Asthma

5. Uro-, Genitalbereich
Sexuelle Erregung der Frau, Potenzschwäche

6. Nervensystem, psychische Probleme, Drüsen, Augen
Mangelnde Tränenbildung, Sehzentrum, limbisches Zentrum, Magersucht, Asthma, Epilepsie, innere Unruhe

7. Hals, Nasen-, Ohrenbereich, Zähne
Nase, Schnupfen, Erkältung, Halsentzündung, Polypenrückbildung, Oberkiefervereiterung

8. Sonstiges
Heilungszentrum, schlechter Heilungsprozeß, Lebensenergie, Halschakra

Wirkungen auf Kreislauf, Leukämie, Angst (Neurose) sowie auf das „3. Auge" (Stirnchakra) konnten nur beim Edelopal gefunden werden. Nicht bestätigt werden können allerdings Wirkungen auf Depressionen und das Zentrum der Freude.

Zuordnung zu Sternzeichen:

Steinbock, Wassermann, Fische, Widder, Krebs, Jungfrau, Waage

 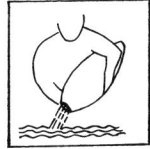  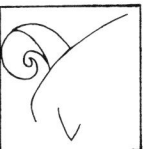

 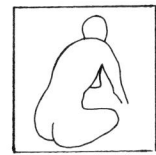 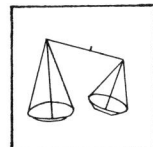

Perle

Bestandteile:

Perlmutt = 92% feinste Calcium-
carbonatplättchen, 6 % organische
Hornsubstanz (Conchyn), 2% Wasser

**Mineralname des Mineral-
bestandteils der Perle:**

Aragonit

**Chemische Formel und
Bezeichnung:**

$Ca[CO_3]$
Calziumcarbonat
(kohlensaurer Kalk)

Kristallsystem:

rhombisch

Härte:

3,5 - 4

Farbe:

farblos, weiß, weißgelb, rötlich,
grün, bläulich, grau, schwarz

**Vorkommen und
Verbreitung:**

Perlen sind Wucherungen in vielen

Arten von im Wasser lebenden Weichtieren, besonders in der Perlmuschel. Größe: Mohnkorn bis Erbsengröße, selten bis Walnußgröße. Sie entstehen durch örtliche Reize von Störkörpern (z.B. Parasiten, Sandkörner). Die Muscheln sondern Stoffe (Perlmutt) ab, welche die Störkörper konzentrisch umschließen und isolieren. (Das Wachstum bis Erbsengröße dauert 10 - 50 Jahre). Diese Eigenschaft benutzt man seit Jahrtausenden in China, in Japan seit etwa 1910, zur Züchtung von Zucht- oder Kulturperlen in „Farmen", indem man die Muscheln mit Störkörpern „impft". Heute sind im Handel fast nur Zuchtperlen zu finden. Natürliche Vorkommen im Persichen Golf, in Ceylon, Australien, den Südseeinseln, in Venezuela, Mexico, Panama. Süßwasservorkommen in Flüssen wie Mississippi, Hudson, aber auch in mitteleuropäischen Flüssen, z.B. im Bayerischen Wald. Süßwasserperlen werden inzwischen auch gezüchtet.

Salzwasser- und Süßwasserperlen zeigen das gleiche Frequenzspektrum.

Heilwirkungen auf:

1. Knochengerüst, Gelenke,
Rheuma, Rheuma in den Füßen, Gicht, Ischias, Hexenschuß, Osteochondrose, Regeneration der Zwischenwirbelscheiben, Schultergelenk, Hüftgelenksarthrose, Ellenbogengelenkentzündung, Zellerneuerung der Knochen

2. Verdauungssystem
Appetitanregend, Bauchspeicheldrüse, Diabetes, Blutzucker zu viel,

Insulin zu wenig, Lebervorsteuerung, Lebersteuerung, Magensäure zu viel

3. Haut, Gewebe, Muskeln
Fußnägel, Fingernägel, trockene Haut, Sonnenbrand, Entwässerung, Ödeme, Bindegewebsschwäche, Katzenallergie

4. Herz, Lunge, Kreislaufsystem, Adern, Blut
Lungenblähung, Venenentzündung, Krampfadern, Atembeschwerden, Reizhusten

5. Uro, Genitalbereich
Eileiterentzündung, Eileiter, Potenzstörung, Potenzschwäche

6. Nervensystem, psychische Probleme, Drüsen, Augen
Limbisches Zentrum, Empfindungszentrum, Krampfgefühl in Kniekehlen, Wetterfühligkeit, Rückenmark, Thymusdrüse, Hypophyse, Kurzsichtigkeit, Augen klarer sehen, Hornhaut des Auges, grauer Star, Busen, Katzenallergie, Magersucht (seelisch bedingt)

7. Hals-, Nasen-, Ohrenbereich, Zähne
Erkältung, Mandelentzündung, Kiefer- und Stirnhöhle, Nasennebenhöhlenvereiterung, Nase, Polypenrückbildung, Atembeschwerden, Reizhusten

8. Sonstiges
Schlechter Heilungsprozeß, Heilungszentrum, Lebensenergie, Zentrum der Trauer

Darüber hinausgehende Heilwirkungen wie z.B. auf Fieber, Kopfschmerzen, Blutzellen, Darmtrakt, Milz, Nerven, Nebennieren, Nymphomanie, Geschwüre, Angst, konnten nicht festgestellt werden.

Zuordnung zu Sternzeichen:
Widder, Krebs

Pyrit

Mineralname:	Pyrit (Schwefelkies)
Chemische Formel und Bezeichnung:	FeS_2 Eisensulfid
Mineralklasse:	Sulfide
Kristallsystem:	kubisch (regulär)
Härte:	6 - 6,5
Farbe:	goldgelb, lichtmessingfarben, bunt angelaufen
Vorkommen und Verbreitung:	weltweit verbreitet in verschiedenartigen Lagerstätten und Gängen. Örtlich durch seinen Goldgehalt auch wichtiges Golderz z. B. in Südafrika. Bei uns über 1000 Jahre Abbau der

Lagerstätte im Rammelsberg bei Goslar/Harz (zusammen mit Kupfer kies, 30% Metallgehalt, 4 g Gold/t Erz). Weitere wichtige Vorkommen in Schweden, auf Elba (schöne Kristalle), in Spanien, Portugal, Frankreich, Mexico, USA.

Der Name stammt aus dem griechischen „pyr" = Feuer. (Beim Reiben von Pyrit entstehen Funken).

Varietäten:

- Markasit (Speerkies) FeS_2 (andere Kristallform: rhombisch)
- Chalkopyrit (Kupferkies) $CuFeS_2$ (wichtiges Kupfererz) (alle ähnlich gefärbt)
- Pyrrhotin (Magnetkies) $Fe_{1-x}S$

Heilwirkungen auf:

1. Knochengerüst, Gelenke
Rheuma, Rheuma in den Füßen, Ischias, Gicht, Oberkiefervereiterung, Wetterfühligkeit bei Splitterbruch

2. Verdauungssystem
Verdauungszentrum, Stoffwechsel, Blutzucker zu viel, Diabetes (zu wenig Insulin), Magensäure zu viel

3. Haut, Gewebe, Muskeln
Muskelkater, Muskelverspannung, Rippenfell, Rippenfellentzündung, Haut, Warzen, offene Beine, Raucherbein, Sehnenschwäche

4. Herz, Lunge, Kreislaufsystem, Adern, Blut
Herzbeutelentzündung, Herzmuskelschwäche, Durchblutungsstörungen (offene Beine, Raucherbein), Blutarmut (Anämie), Bluterguß unter der Schädeldecke (Sturz), Verschluß der Arterien, mangelnde Sauerstoffversorgung

5. Uro-, Genitalbereich
Zu viel Harnsäure, Monatszyklus, Menstruation, Monatsbeschwerden, Potenzschwäche, Prostata

6. Nervensystem, psychische Probleme, Drüsen, Augen
Nervensystem, Epiphyse, Trigeminusnerv, limbisches Zentrum, Asthma, Heuschnupfen, Bauchspeicheldrüse, mangelnde Tränenbildung, Verlust des Selbstverantwortungsbewußtseins, Sehzentrum

7. Hals-, Nasen-, Ohrenbereich, Zähne
Erkältung, Schnupfen, Nase, Halsentzündung, Kiefer- und Stirnhöhle, Oberkiefervereiterung, Bronchien, Kehlkopf, Heiserkeit, Asthma, Heuschnupfen, Schnarchen

8. Sonstiges
Allgemeine Aufladung, Zeitzentrum, Lebensenergie, Heilungszentrum, Halschakra

Bei den „Plusfrequenzen" des Pyrits ergibt sich offenbar durch den Eisengehalt eine große Identität mit Hämatit/ Magnetit.

Zuordnung zu Sternzeichen:

Stier, Krebs

Rhodochrosit

Mineralname: Manganspat, Himbeerspat

Chemische Formel und Bezeichnung: $Mn[CO_3)$
Mangancarbonat

Mineralklasse: Carbonate

Kristallsystem: trigonal

Härte: 4 - 4,5

Farbe: rosarot, grau/braun durch Verwitterung, selten farblos

Vorkommen und Verbreitung: charakteristisches Gangmineral in hydrothermalen Erzadern, in kontaktmetamorphen Lagerstätten, auch als Sekundärmineral auf Manganvorkommen.

Fundstätten in den Karpathen, in
Spanien, den Pyrenäen, in Argen-
tinien, Südafrika, den USA.
Bei uns im Odenwald, im Siegerland,
im Rheinischen Schiefergebirge,
im Harz, in Sachsen und Thüringen.
Manganspat ist ein wichtiges Mangan-
erz. Als Edelstein wird Rhodochrosit
erst seit 1950 gehandelt.
(Die Steine stammen vorwiegend
aus einem ehemaligen Silberberg-
werk in Mexico).

Der Name kommt vom griechischen „rhodochros" = rosafarbig.

Heilwirkungen auf:

1. Knochengerüst, Gelenke
Knochengerüst, Knochenwucherungen, Knochengelenk, Knie, Ellbogen,
Daumengelenk, Arthrodynie (Gelenkschmerzen in Handwurzel und
Knie), Kniearthritis, Lendenwirbel, Schulter-Armsyndrom, Gicht, zu
viel Harnsäure, Rheuma, Hexenschuß, Ischias

2. Verdauungssystem
Magensäure zu viel, Dünndarm

3. Haut, Gewebe, Muskeln
Zehennägel, Entzündungen, Lippen, Blasen an den Füßen, Brandblasen,
Abszesse, Eiterungen, Leistenbruch

4. Herz, Lunge, Kreislaufsystem, Adern, Blut
Herzkranzgefäße, Herzkranzgefäßverengung, Herzvorsteuerung, Adern,
Bluttemperatur zu niedrig

5. Uro-, Genitalbereich
Sexualzentrum, Steigerung des Sexualtriebes, Frigidität, Vorhaut, Potenzschwäche, Harnsäure zu viel

6. Nervensystem, psychische Probleme, Drüsen, Augen
Nerven, Nervensystem z. B. bei Multipler Sklerose, Rückenmark,

Sympaticus und Vagus, Angstneurosen, Angstzustände, Lebensmut, Freudlosigkeit, Schlafstörungen, Konzentrationsschwäche, Gesichtsnervreizung (Facialisnerv), Hypophyse, Hitzewellen, Basalkern, Hypothalamus, Thalamus, Busen, Lymphogranulomatose, Hornhaut des Auges

7. Hals-, Nasen-, Ohrenbereich, Zähne

Kiefer- und Stirnhöhle, Nase, Schnupfen, Schleimhautentzündung, Reizhusten, Halserkrankungen

8. Sonstiges
Entzündungen, Milzchakra (Bauchchakra), Scheitelchakra

Nicht bestätigt werden Wirkungen auf Bauchspeicheldrüse (Diabetes), Nieren und Milz (nur Milzchakra!). Rhodochrosit hat bemerkenswerte Heileigenschaften bei einigen psychischen Problemen, wie z. B. bei Angst, mangelndem Lebensmut sowie bei rheumatischen Erkrankungen des Gelenkapparates.

Zuordnung zu Sternzeichen:

Widder, Stier, Krebs, Skorpion

Rhodonit

Mineralname:	Rhodonit (Mangankiesel)
Chemische Formel und Bezeichnung:	$CaMn_4[Si_5O_{15}]$ Calzium-Mangansilikat
Mineralklasse:	Silikate
Kristallsystem:	triklin
Härte:	5,5 - 6,5
Farbe:	rosenrot, fleischfarben, braunrot. Oft mit schwarzen Einlagerungen von Manganoxid durch Verwitterung
Vorkommen und Verbreitung:	Dichtes Material für Schmucksteine kommt aus dem Ural (GUS). Kristalle kommen bei uns vor im Harz, in Westfalen und findet man in

Schweden und Italien. Andere Fundorte in Spanien, Ungarn, Frankreich, Brasilien, Mexico und Australien.

Der Name leitet sich aus dem griechischen „rhodeios" = rosenfarben ab.

Varietäten: Inesit

Rhodonit hat nur ganz wenige Frequenzen aufzuweisen (5).

Heilwirkungen auf:

1. Knochengerüst, Gelenke
Hüftgelenksarthrose, Rheuma in den Füßen

2. Verdauungssystem
Keine

3. Haut, Gewebe, Muskeln
Keine

4. Herz, Lunge, Kreislaufsystem, Adern, Blut
Keine

5. Uro-, Genitalbereich
Eileiterentzündung

6. Nervensystem, psychische Probleme, Drüsen, Augen
Schilddrüsenunterfunktion, limbisches Zentrum, Magersucht

7. Hals-, Nasen-, Ohrenbereich, Zähne
Erkältung

8. Sonstiges
Heilungszentrum, Lebensenergie

Nicht gefunden wurden Wirkungen auf Muskeln, Gehör, Lunge. Wirkung auf Verdauung und Angst eventuell erklärbar durch Schilddrüsennormalisierung

Zuordnung zu Sternzeichen:

Steinbock, Widder, Stier, Skorpion

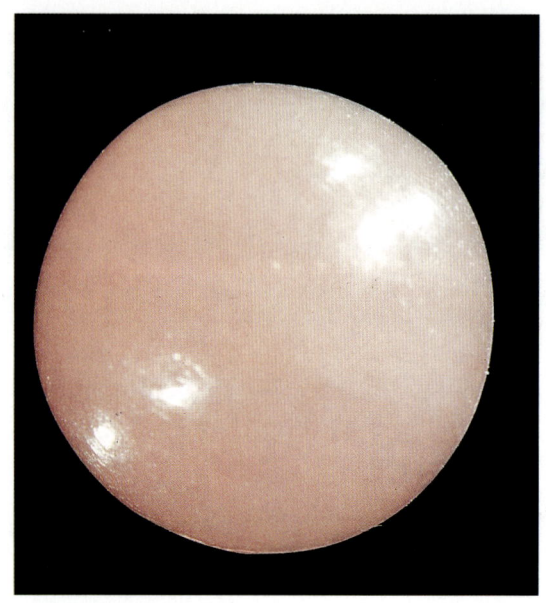

Rosenquarz (Rosaquarz)

Mineralname:	Quarz
Chemische Formel und Bezeichnung:	SiO_2 Siliziumoxid
Mineralklasse:	Oxide
Kristallsystem:	trigonal
Härte:	7
Farbe:	rosa Spuren von Mangan oder auch Titan sollen die rosa Farbe hervorrufen
Vorkommen und Verbreitung: (Siehe auch unter „Bergkristall")	Der vorwiegend als derbe Massen feinster Kristalle vorkommende Rosenquarz ist nur selten klar und durchsichtig und ist oft von vielen

Rissen durchzogen. Erst vor einigen
Jahren wurden in Brasilien größere
Kristalle gefunden.

Seinen Namen hat er seiner rosa Färbung zu verdanken.

Varietäten:

- Bergkristall
- Rauchquarz
- Citrin
- Amethyst

- Aventurin
- Tigerauge
- und die verschiedenen
- Chalcedonarten

Heilwirkungen auf:

1. Knochengerüst, Gelenke
Wirbelsäule, Verkrümmung der Wirbelsäule, Schultergelenk, Lenden-
wirbel, Kreuzbein, Ischias, Rheuma im Lendenbereich, in den Füßen,
Rheuma allgemein, Knochenheilung, Ellbogengelenkentzündung, Po-
lyarthritis, Schulter-Armsyndrom, Knochenerweichung, Kniearthrose,
Knochenheilung

2. Verdauungssystem
Magen-Mittelteil, Lebersteuerung, Völlegefühl, Blähungen

3. Haut, Gewebe, Muskeln
Fettansatz, Auflösung von Fettgewebe, Fußnägel, Fingernägel, Sehnen,
Sehnenscheidenentzündung, Warzen, Schließmuskelerschlaffung
Darm, Hautkrankheit degenerativ, Fußpilz, Wundfieber, Zellerneue-
rung der Organe

4. Herz, Lunge, Kreislaufsystem, Adern, Blut
Durchblutungsstörung, Schwitzen, schweißtreibend, Ödeme, Entwässerung, Venenentzündung, Asthma

5. Uro-, Genitalbereich
Eileiter, Frigidität, Potenzschwäche, Hodenkrebs

6. Nervensystem, psychische Probleme, Drüsen,Augen

Nervenentzündung, Regeneration der Nerven, Nervenstärkung, Nervenaufbau, Trigeminusnerv, Parkinson, Epilepsie, Angstneurose, Hirntumor,
Teillähmung des Unterkörpers, Störung im Sprachzentrum, Heilungszentrum, limbisches Zentrum, Zentrum der Nächstenliebe, Zentrum
des Verantwortungsbewußtseins, Thymusdrüse, Mundspeicheldrüse,
Milchdrüsenunterfunktion, grauer Star, Asthma

7. Hals-, Nasen-, Ohrenbereich, Zähne

Asthma, Bronchien, Erkältung

8. Sonstiges

Lebensenergie, Zellerneuerung der Organe

Nicht bestätigte Heilwirkungen:

Blutgefäße, Dickdarm, Darmstörungen, Geschlechtskrankheiten, Herz,
Kreislauf, Leukämie, Nieren.

Der Rosenquarz hat unter den 35 festgestellten Frequenzen eine bemerkenswerte Anhäufung von Wirkungen auf das Nervensystem sowie
das Knochengerüst

Zuordnung zu Sternzeichen:

Stier, Krebs

Rubin

Mineralname:	Korund
Chemische Formel und Bezeichnung:	Al_2O_3 Aluminiumoxid (Tonerde)
Mineralklasse:	Oxide
Kristallsystem:	trigonal
Härte:	9
Farbe:	tiefrot (durch Chromspuren rot gefärbt)
Vorkommen und Verbreitung:	siehe Saphir

Der Name „Rubin" kommt aus der lateinischen Sprache (ruber = rot).

Varietäten:	- Saphir (blau)
	- Leukosaphir (farblos)
	- Padparadscha (orangegelb)

Heilwirkungen auf:

1. Knochengerüst, Gelenke
Schultergelenk, Schulter-Armsyndrom, Nackenverspannung, Wirbelsäule, Halswirbelplatte, Bandscheiben, Hexenschuß, Ischias, Lendenwirbel, Ellbogengelenkentzündung, Polyarthritis, Arthrose, Rheuma, Knochenheilung, Zellerneuerung der Knochen, Knochenmark, Kieferentzündung, Oberkiefervereiterung

2. Verdauungssystem
Peristaltik, Dickdarmentzündung, Lebervorsteuerung, Lebersteuerung, Magenschließmuskel, Blähungen, Völlegefühl, Polypen im Darm

3. Haut, Gewebe, Muskeln
Rippenfell, Rippenfellentzündung, Neurodermitis, Sehnenscheidenentzündung, Zellerneuerung der Organe, Auflösung von Fettgewebe, Fußnägel, Fingernägel, Warzen, Hühneraugen, endogenes Ekzem, Allergie, Eiterpickel, schweißtreibend

4. Herz, Lunge, Kreislaufsystem, Adern, Blut:
Kapillaren, Krampfadern, Herzzentrum, Herzmuskel, Blutarmut (Anämie), zu wenig rote Blutkörperchen, niedriger Blutdruck, Venenentzündung, Entwässerung, Ödeme

5. Uro-, Genitalbereich
Nebenniere, Nierensteine, Nierensteinauflösung, Nierensteinzertrümmerung, Harnleiter, harntreibend, Blasengeschwulst, Potenzschwäche, Harnblasensyndrom, Eileiter, Eierstöcke

6. Nervensystem, psychische Probleme, Drüsen, Augen
Augen, Sehzentrum, Netzhaut, grüner Star, Lymphen, Lymphdrüsenentzündung, Lymphosacominum, Ohrspeicheldrüse, Mundspeicheldrüse, Gesichtsnervreizung (Facialisnerv), Schneidezahnentzündung, Schizophrenie, Zellerneuerung Nerven, Regeneration der Nerven, Thymusdrüse (Abwehrkraft), Zerebralatrophie, Angst, Angstzustände, Depressionen, Wetterfühligkeit, Stirnkopfschmerzen

7. Hals-, Nasen-, Ohrenbereich, Zähne

Ohr, Innenohr, Außenohr, Ohrtrompete, Ohrspeicheldrüse, Gehörgangentzündung, Ohrensausen (dunkel), Ohrenpfeifen (hell), Bronchien, Bronchialkatarrh, Heiserkeit, Schnupfen, Stimmbandlähmung

8. Sonstiges

Zellerneuerung der Organe, Halschakra, Wurzelchakra, Zentrum der Nächstenliebe

Bis auf die nicht bestätigte Wirkung auf die Milz konnten alle in der Literatur aufgezählten Heilwirkungen verifiziert werden. Erstaunlich ist nur, daß seine umfassende Einsetzbarkeit bei Ohrenerkrankungen nirgendwo Erwähnung findet. (Es wurden neben 39 anderen Frequenzen sämtliche Frequenzen des Ohrbereichs festgestellt) Damit dürfte der Rubin neben seinem vielfältigen anderweitigen Einsatzspektrum der spezielle „Ohrstein" sein.

Zuordnung zu Sternzeichen:

Steinbock, Widder, Krebs, Skorpion

Saphir

Mineralname: Korund

Chemische Formel und Al_2O_3
Bezeichnung: Aluminiumoxid (Tonerde)

Mineralklasse: Oxide

Kristallsystem: trigonal

Härte: 9

Farbe: tiefblau
                                                   (durch Spuren von Eisen- und
                                                   Titanfremdatomen gefärbt)

Vorkommen
und Verbreitung: Vorwiegend in „metamorphen", d. h.
                                                   durch hohen Druck und hohe
                                                   Temperatur nachträglich umge-
                                                   bildeten Gesteinen, wird Korund

gebildet. Anreicherung in sogenannten „Seifen" (Verwitterungslagerstätten) bei der Verwitterung dieser Gesteine. Kristalle in Edelsteinqualität findet man vorwiegend in Birma, Siam und Ceylon. Kleine undurchsichtige Kristalle findet man bei uns in der Eifel, in Hessen und in Schlesien

Der Name „Saphir" = blau kommt aus dem Griechischen.

Varietäten:
- Leukosaphir (farblos),
- Padparadscha (orangegelb) und
- Rubin (rot)

Heilwirkungen auf:

1. Knochen und Gelenke
Wirbelsäule, Hexenschuß, Nackenverspannung, Schulter-Armsyndrom, Arthrose, Knochenmarkschwäche, Rückenmark, Rheuma

2. Verdauungssystem
Magen-Ausgang, Polypen im Darm

3. Haut, Gewebe, Muskeln
Sehnen, Sehnenscheidenentzündung, Muskelzucken, endogenes Ekzem

4. Herz, Lunge, Kreislaufsystem, Adern, Blut
Zu wenig rote Blutkörperchen, Knochenmarkschwäche

5. Uro-, Genitalbereich
Blasengeschwulst

6. Nervensystem, psychische Probleme, Drüsen, Augen
Nerven rechter Arm, Hypothalamus, Milchdrüsen, Wetterfühligkeit, innere Unruhe, Angstzustände, Depressionen, Tapferkeit, Nächstenliebe, Augenhornhaut

7. Hals-, Nasen-, Ohrenbereich, Zähne
Schnupfen, Stimmbandlähmung

8. Sonstiges
Halschakra

Wirkungen in Bezug auf Blutdruck, Asthma, Fieber, Gallenblase, Hormonhaushalt, Herz, Leber, Niere konnten nicht gemessen werden. Eine auffallende Übereinstimmung ergibt sich mit der „Hildegardmedizin", wenngleich hier auch eine Klärung insofern erfolgte, als bei den Augenheilwirkungen nur die Hornhaut betroffen ist.

Er ist sicher ein gutes Mittel um Depressionen und Angstzustände zu vertreiben. Es wurden auffallend wenige Frequenzen festgestellt (14).

Zuordnung zu Sternzeichen:

Steinbock, Wassermann, Fische, Widder, Stier, Krebs, Waage, Schütze

 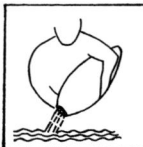 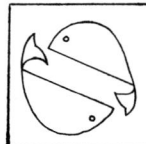 

  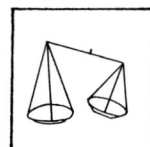 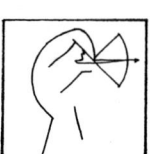

Smaragd

Mineralname:	Beryll
Chemische Formel und Bezeichnung:	$Be_3Al_2[Si_6O_{18}]$ Beryllium-Tonerdesilikat
Mineralklasse:	Silikate
Kristallsystem:	hexagonal
Härte:	7,5
Farbe:	smaragdgrün (durch Chrom)
Vorkommen und Verbreitung:	meist in metamorphen Gesteinen, Kristalle klein (größter Stein bisher 12 cm). Die besten Steine kommen aus Kolumbien. Vorkommen aber auch im Ural (GUS), auf Elba, in Südafrika, Rhodesien, Kenia, Sambia. Bei uns Fundstätte im Habachtal/

Österreich. Die kolumbianischen geschliffenen Smaragde sind die teuersten Edelsteine.

Der Name kommt vom griechischen „smaragdos" = grüner Stein.

Varietäten:	- Aquamarin (blau)
	- Goldberyll (goldgelb)
	- Heliodor (gelbgrün)
	- Morganit (rosa)
	- Beryll (farblos bis leicht grünlich bläulich, gelblich, rötlich gefärbt)

Heilwirkungen auf:

1. Knochengerüst, Gelenke
Osteoporose, Degeneration der Zwischenwirbelscheiben, Ischias, Rheuma, Zellerneuerung der Knochen, Knochenmark, Knochenheilung, Ellenbogengelenkentzündung

2. Verdauungssystem
Lebervorsteuerung, Lebersteuerung, Leber, Blähungen, Völlegefühl

3. Haut, Gewebe, Muskeln
Auflösung von Fettgewebe, Hautzentrum, Haarwuchs, Entwässerung, Ödeme, schweißtreibend

4. Herz, Lunge, Kreislaufsystem, Adern, Blut
Mangelnde Sauerstoffversorgung, Atmungsorgane, Asthma, Adern, Arterien, Leukämie

5. Uro-, Genitalbereich
Nierensteine, Nierenschrumpfung, Potenzstörung

6. Nervensystem, psychische Probleme, Drüsen, Augen
Hypophyse Hinterlappen, Nerven, Sympaticus, Vagus, Hitzewellen, Lebensmut, Angstzustände, Schlafstörungen, Sehnervreizung, grauer Star, Asthma, Thymusdrüse

7. Hals-, Nasen-, Ohrenbereich, Zähne
Halsentzündung, Stimmbänderreizung

8. Sonstiges
Zentrum der Nächstenliebe, Herzchakra

Andere Heilwirkungen wie z.B. auf Bauchspeicheldrüse, Blutdruck, Epilepsie, Herz, Kreislauf, Kopfschmerzen, Lymphe, Krebs können nicht bestätigt werden.

Zuordnung zu Sternzeichen:

Stier, Zwillinge, Krebs, Jungfrau, Waage

  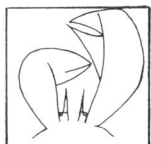 

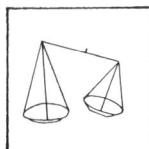

Tigerauge

Mineralname: Quarz
(verquarzter Krokydolith =
Calzium, Magnesium-Eisen-
Silikat)

**Chemische Formel und
Bezeichnung:** SiO_2
Siliziumoxid

Mineralklasse: Oxide

Kristallsystem: trigonal

Härte: 7

Farbe: braun-goldgelb (schillernd).
Lichtbrechung führt zum Katzen-
augeneffekt. Die Lichtbrechung wird
durch die Feinfaserstruktur des Minerals
hervorgerufen, die bei der Umwand-
lung bzw. Verquarzung (Pseudomor-

phose) des Asbestes (Krokydolith)
beibehalten wurde.

**Vorkommen
und Verbreitung:**
(Siehe auch
Bergkristall)

Die bedeutendsten Lagerstätten sind in
Südafrika, Westaustralien, Burma,
Indien und Kalifornien. Bei uns gibt
es Vorkommen im Harz.

Varietäten:
- Falkenauge (blau, grau)
- Katzenauge (grün, grau)

Heilwirkungen auf:

1. Knochen, Gelenke
Wirbelsäule, Halswirbelplatte, steifes Genick (mit Kopfschmerzen),
Bandscheiben, Hexenschuß, Ischias, Kiefersperre, Knochenwucherung

2. Verdauungssystem
Appetitlosigkeit, Gallensteine, Stoffwechsel, Abführmittel, Dünndarm,
Schließmuskelerschlaffung Darm

3. Haut, Gewebe, Muskeln
Zellerneuerung der Organe, Zellerneuerung (Tumor), Zellwucherung
(Krebs), Plasmozytom, Auflösung von Fettgewebe, Sehnenscheiden-
entzündung, Zyste im Busen

4. Herz, Lunge, Kreislaufsystem, Adern, Blut
Offene Beine, Durchblutungsstörung, Sauerstoffaufnahme des Blutes,
Blutversorgung

5. Uro-, Genitalbereich
Frustration (weiblich), Sexualzentrum, sexuelle Steuerung Mann und
Frau, sexuelle Erregung (Frau), Hormonhaushalt (Mann), Hoden, Neben-
nieren, Nierensteinauflösung, Harnleiter, harntreibend

6. Nervensystem, psychische Probleme, Drüsen, Augen
Störung im Sprachzentrum, zu starker Haarwuchs (Frauen), Angstneurose, Hirntumor, Epilepsie, epileptische Anfälle, Depressionen,

Tiefschlaf, Sucht, Magersucht, Raucherentwöhnung, Hormonhaushalt (Mann), Mundspeicheldrüse, Lymphdrüsenentzündung, Nervenentzündung, Regeneration der Nerven

7. Hals-, Nasen-, Ohrenbereich, Zähne

Schnupfen, Bronchien, Atmungsorgane, Bronchialkatarrh, Halsentzündung

8. Sonstiges

Milzchakra

Die in der Literatur erwähnten wenigen Heilwirkungen wie z.B. Asthma, Leber können z. T. nicht bestätigt werden. Erstaunlich ist, daß die durch die Asbestherkunft des Tigerauges (Gleiches mit Gleichem heilen!) bedingte umfassende Wirkung bei Krebserkrankungen bisher keine Erwähnung fand (Zellerneuerung, Tumor, Gehirntumor, Zellwucherung/ Krebs, Sauerstoffaufnahme des Blutes usw. 14 von 34 Frequenzen stehen mit Krebserkrankungen in Beziehung). Das Tigerauge scheint somit der ideale „Krebsstein" zu sein, der allerdings nur mit Vorsicht und unter fachkundiger Überwachung eingesetzt werden sollte!

Zuordnung zu Sternzeichen:

Zwillinge, Löwe, Jungfrau

  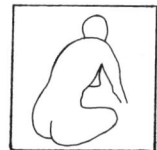

Turmalin

Mineralname:	Turmalin
Chemische Formel und Bezeichnung:	$AB_9[(OH)_4|(BO_3)_3|Si_6O_{18}]$ Borhaltiges Tonerdesilikat mit wechselnder Zusammensetzung (A und B stehen für die verschiedensten Metallatome)
Mineralklasse:	Silikate
Kristallsystem:	trigonal
Härte:	6,5 - 7
Farbe und besondere Eigenschaften:	farblos und alle nur erdenklichen Farben und Farbtöne, auch unterschiedliche Farben innerhalb eines einzigen Kristalls. Dichroitisch, d. h. bei Durchsicht durch den Kristall von verschiedenen Seiten erscheint die

Farbe durch Absorption einzelner Wellenlängen des Lichtes dunkler und heller.

Pyroelektrisch, d. h. durch Erwärmen oder Reiben mit einem Tuch werden die Kristalle elektrostatisch aufgeladen mit unterschiedlicher Ladung an beiden Enden.

Vorkommen und Verbreitung:

typisches Mineral von Kontaktzonen aufsteigender heißer Gesteinsmassen und „pneumatolytischer" Gänge, in Erzgängen, Drusen, alpinen Klüften. Auch in „Seifen" zu finden.

Fundorte in der ganzen Welt: Namibia, Madagaskar, Brasilien, Kenia, Ural, Australien, Kalifornien, Elba, Cornwall, Norwegen und der Schweiz, bei uns im Harz (Brocken), in Sachsen (Eibenstock).

Meist kleinere Kristalle. In Norwegen wurden aber auch Kristalle mit 5 m Länge gefunden.

Der Name „Turmalin" soll sich aus dem tamilischen Begriff „turamali" = „etwas Kleines aus der Erde" ableiten.

Varietäten:

- Elbait (Lithium -Turmalin) verschiedenfarbig
- Schörl (Eisenturmalin) schwarz
- Dravit (Magnesiumturmalin) braun
- Buergerit (Eisen-Turmalin) fast schwarz
- Uvit (Calcium-Magnesium-Turmalin) braun

Varietäten des Elbait:

- Rubellit (rot)
- Indigolith (blau)

- Verdelith (grün)
- Mohrenköpfe: farblos mit schwarzem Kopf
- Türkenköpfe: grün mit rotem Kopfteil
- Melonensteine: grüne Außenhaut mit rotem Kern

Manche Turmaline werden durch Brennen bei 650° C „farbveredelt" (smaragdgrün).

Die Frequenzmessung wurde an einem dunkelgrünen Kristall durchgeführt (vermutlich Elbait). Vergleichsweise dazu wurde ein schwarzer Eisenturmalin durchgemessen, der erheblich weniger Frequenzen aufzuweisen hat (17 gegenüber 32 beim grünen Turmalin und nur 9 davon identisch).

Heilwirkungen auf:

1. Knochengerüst, Gelenke
Phantomschmerzen, Knochenhautentzündung, Ellbogengelenkentzündung, Gelenkentzündung, Zellerneuerung der Knochen, Knochenmark, Knochenmarkschwäche, Verschleiß der Wirbelsäule, Knorpelbildung in den Gelenken, Kniearthrose, Knochenerweichung, Schulter-Armsyndrom

2. Verdauungssystem
Lebersteuerung, Lebervorsteuerung, Magenenzyme, Collitis (Dickdarmentzündung), Cholesterinüberschuß

3. Haut, Gewebe, Muskeln
Muskelkater, Rückbildung von Hornhaut und Blasen, Zellerneuerung, Tumor (gutartig), Sehnenscheidenentzündung, Haarwuchs, Haarfarbenverlust, Hautzentrum, trockene Haut, Fußpilz

4. Herz, Lunge, Kreislaufsystem, Adern, Blut
Sauerstoffaufnahme des Blutes, mangelnde Sauerstoffversorgung des Blutes, Blutversorgung, Kreislauf, Anämie, Adern, zu wenig weiße Blutkörperchen, Entwässerung, Ödeme

5. Uro-, Genitalbereich

Hoden, Potenzschwäche, Eierstöcke, Ostitis,

6. Nervensystem, psychische Probleme, Drüsen, Augen

Nervensystem, Nerven, Trigeminusnerv, Phantomschmerzen, Epilepsie, Busen, Epiphyse (Zirbeldrüse), Thymusdrüse, Hypophyse, Sympaticus, Vagus, Sympaticus-Systemstörung, Mundspeicheldrüse, Parkinson, Wetterfühligkeit, Hitzewellen, grauer Star, Lebensmut, Schlafstörungen, Angstzustände, Schizophrenie (Psych. Probleme)

7. Hals-, Nasen-, Ohrenbereich, Zähne

Nase, Schnupfen, Erkältung, Grippe, Abwehrkräfte stärken, Abwehrschwäche, Schneidezahnentzündung, Angina, Trommelfellvernarbung, Tubenkatarrh

8. Sonstiges

Allgemeine Aufladung, Abwehrkräfte stärken, Abwehrschwäche, Zeitzentrum, Sehzentrum, Hautzentrum, Kalkmangel, Lupus, Cholesterinüberschuß, Halschakra, Herzchakra

Nicht bestätigt werden können angebliche Wirkungen auf Verstopfung, Gewichtsprobleme, Galle, Herz, Lymphe, Niere, Nebenniere, Depression, Stottern.

Erstaunlich ist, daß seine Wirkung bei Parkinson'scher Krankheit in der einschlägigen Literatur nicht erwähnt wird. Darüber hinaus ist der grüne Turmalin ein gutes Mittel zur Stärkung der körpereigenen Abwehrkräfte sowie zur Aktivierung des Herzchakras.

Zuordnung zu Sternzeichen:

Steinbock, Wassermann, Schütze

 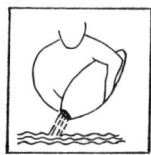 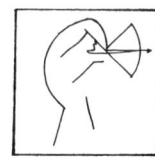

Türkis

Mineralname:	Türkis / Kallait
Chemische Formel und Bezeichnung:	$CuAl_6[(OH)_2|PO_4]_4\,4H_2O$ Kupfer-Aluminiumhydroxid-Phosphat
Mineralklasse:	Phosphate
Kristallsystem:	triklin
Härte:	5 - 6
Farbe:	türkisblau (himmelblau), grünblau. Die Färbung wird von einem Kupfergehalt verursacht.
Vorkommen und Verbreitung:	traubig-nierige, undurchsichtige Knollen, selten feinkristallin, als Zersetzungsprodukt in schmalen

Spalten und Klüften aluminiumhaltiger Gesteine (z.B. Kieselschiefer). Die bekanntesten Vorkommen liegen in Persien, Afghanistan, Tibet und in den USA (Arizona/Nevada). Bei uns findet man Türkis in Schlesien. Bei den meisten Türkisschmucksteinen handelt es sich um Türkismatrix (Durchwachsungen mit Eisenhydroxid, Manganoxid und Begleitgestein).

Der Name kommt von seinem früheren Handelsweg aus Persien über die Türkei nach Europa.

Heilwirkungen auf:

1. Knochen und Gelenke
Halswirbelsäule, Nackenverspannung, Arthrose im Genick, Halswirbelplatte, Wirbelsäule, Hüftgelenk, Phantomschmerzen, Knochenhautentzündung, Arthrose, Rheuma, Gicht, Ischias, Hexenschuß, Polyarthritis, Schulter-Armsyndrom, Bandscheiben, Ellbogengelenkentzündung, Knochenheilung (bei Bruch), Knochenmark, Kieferentzündung, Oberkiefervereiterung, Knochenwucherung, Kiefer- und Stirnhöhle

2. Verdauungssystem
Mund, Lippen, Blutzucker zu viel (zu wenig Insulin), Diabetes, Mastdarmentzündung, Collitis (Dickdarmentzündung), Darmverschluß, Darmlähmung, Schließmuskelerschlaffung Darm, Hämorrhoiden, Magen-Ausgang, Magen-Schließmuskel, Magenenzyme, Magensäure zu viel, Schleimhautentzündung, Lebersteuerung, Blähungen, Völlegefühl

3. Haut, Gewebe, Muskeln
Sehnen, Sehnenscheidenentzündung, Muskelkater, Rückbildung von Hornhaut und Blasen, trockene Haut, Auflösung von Fettgewebe, Warzen, Nahrungsmittelallergie, Allergie, Neurodermitis, Zehennägel, Schleimhautentzündung, Haarwuchs, Hautzentrum, Gürtelrose, Rippenfell, Busen, Brustentzündung, Hühnerauge, Druck durch Operationsnarben, Polypenrückbildung

4. Herz, Lunge, Kreislaufsystem, Adern, Blut

Kreislauf, niedriger Blutdruck, Anämie, Herzsteuerung, Herzvorsteuerung, Ödeme, Entwässerung, Arterien, Angina pectoris, Herzinfarkt, Streß, Adern, Arterienverkalkung, Durchblutungsstörung, Hämorrhoiden, Bauchatmung, Rippenfell, Rippenfellentzündung

5. Uro-, Genitalbereich

Hormonhaushalt Mann und Frau, Eileiter, Eierstöcke, Harnröhre, Vorhaut, Prostataentzündung, Prostata, Harnsäurebildung, zuviel Harnsäure, Frigidität, Steigerung des Sexualtriebes, Potenzschwäche, Harnblasensyndrom

6. Nervensystem, psychische Probleme, Drüsen, Augen

Hormonhaushalt, Thalamus, Thymusdrüse, Zirbeldrüse, Hypophyse, Nervensystem, Nerven, vegetatives Nervensystem, Trigeminusnerv, Phantomschmerzen, Überempfindlichkeit über Reizzonen, Wärme-Kälteempfinden, Hitzewellen, Neurodermitis, Rückenmark, Lymphdrüsenentzündung, Lymphosacominium, Sympaticus/Vagus, Sympaticus-Systemstörung, Augen, Sehnervreizung, mangelnde Tränenbildung, Hornhaut des Auges, grüner Star, grauer Star, Netzhaut, Gürtelrose, Neubildung im Kleinhirn, Lebensmut, Angst, Angstzustände, Harnblasensyndrom, Zellerneuerung, Nerven, Tumor, Zerebralatrophie, Schlafstörung, Ohrspeicheldrüse, Schizophrenie, Streß

7. Hals-, Nasen-, Ohrenbereich, Zähne

Heiserkeit, Luftröhre, Stimmbänderreizung, Grippe, Fieber, Nase, Schnupfen, Schleimhautentzündung, Entzündungen, Schneidezahnentzündung, Weisheitszahn, Zahnfleischentzündung, Bronchien, Ohrenschmerzen, Trommelfellresektion, Ohrspeicheldrüse, Zahnschmerzen, Polypenrückbildung, Kiefer- und Stirnhöhle

8. Sonstiges

Entzündungen, Fieber, schweißtreibend, schlechter Heilungsprozeß, Störung im Sprachzentrum, Zentrum der Nächstenliebe, Tapferkeit, Nächstenliebe, Wille, Hautzentrum, Zeitzentrum, Sehzentrum, allgemeine Aufladung, Sucht, Raucherentwöhnung, Zentrum des Erinnerungsvermögens, Halschakra, Herzchakra, Nabelchakra

Mit seinen 66 festgestellten verschiedenen Frequenzen kann der Türkis als universeller Heilstein auch im seelisch-geistigen Bereich angesehen werden. Nicht umsonst erfreut er sich auch heute noch bei Naturvölkern größter Beliebtheit (Tibeter, Beduinen, nordamerikan. Indianer, u. a. Navajo), vor allem in Fundgegenden. Er wird dort häufig zusammen mit Silber zu Schmuckgegenständen verarbeitet.

Zuordnung zu Sternzeichen:

Wassermann, Widder, Zwillinge, Schütze

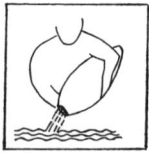   

Zirkon

Mineralname:	Zirkon
Chemische Formel und Bezeichnung:	Zr[SiO$_4$] Zirkoniumsilikat
Mineralklasse:	Silikate
Kristallsystem:	tetragonal
Härte:	4 - 7,5
Farbe:	braun, braunrot, gelb, seltener grün, blau, farblos
Vorkommen und Verbreitung:	weit verbreitet in Magmatiten, kristallinen Schiefern, Sandstein. Kristall-Vorkommen in Norwegen, Italien, der USA, Kanada, Ceylon, Indien, Tasmanien, Thailand, Kam-

bodscha, Südafrika, Australien.
Bei uns Fundstätten im Siebengebirge,
in der Eifel.
Als Edelstein ist Zirkon seit der
Antike bekannt.
Bemerkenswert ist seine Radioaktivität durch Thorium- und Urange-
halt, die mit der Zeit das Kristallgitter zerstört und den Kristall
trübt. (Zirkon ist der Hauptträger
natürlicher Radioaktivität in verschiedenen Gesteinen wie z.B.
Schiefer, Sandsteine, Magmatite).
Der Zirkon hat mit 1,96 - 2,01
nach dem Diamanten (2,42 - 2,43)
den höchsten Lichtbrechungsindex,
was zu Verwechslungen führen kann.
Von seinem „Feuer" kommt auch seine
Beliebtheit als Edelstein.

Varietäten:

- Hyazinth (gelbrot, rotbraun)
- Jargon (farblos, blaß strohgelb)
- Starlit (blau)
- Malacom (blau)
- Matura (weiß, farblos)

Der Name kommt aus dem persisch-arabischen Raum: „zarkun" oder
„zargun" = alle Schattierungen von gelb.

Untersucht wurde ein bläulicher Zirkon.

Heilwirkungen auf:

1. Knochengerüst, Gelenke

Knochengerüst, Knochengelenke, Halswirbelsäule, Lendenwirbel,
Knochenbau, Knochenhautentzündung, Knochenwucherungen, Ellen-
bogengelenk, Ellenbogengelenkentzündung, Daumengelenk, Knie,
Kniearthritis, Arthrodynie (Gelenkschmerzen in Handwurzel und Knie),
Schulter-Armsyndrom, Stirnknochen, Rheuma, Hexenschuß, Arthrose,
Polyarthritis, Zyste an Hüftgelenksprothese, Zellerneuerung der Knochen

2. Verdauungssystem

Appetitanregend, Dünndarm, Collitis (Dickdarmentzündung), Lebervorsteuerung, Lebersteuerung, Leberzirrhose, Magenschließmuskel, Verdauungsstörung, Polypen im Darm

3. Haut, Gewebe, Muskeln

Zellalterungsstörung, Zellerneuerung (Tumor), Krebs, Zellwucherungen, Melanom, Bindegewebe, Druck durch Operationsnarben, Hautallergie, Allergien jeder Art, endogenes Ekzem, Neurodermitis, Gürtelrose, obere Kopfhaut, Nackenverspannung, Haarausfall, Schuppen (Kopfhaut), zu starker Haarwuchs bei Frauen, Rückbildung von Hornhaut und Blasen, Wundfieber, Zellerneuerung der Haut

4. Herz, Lunge, Kreislaufsystem, Adern, Blut

Herzkranzgefäße, Herzkranzgefäßverengung, Blutarmut (Anämie), Leukämie, Entwässerung des Körpers (Ödeme), Raucherbein, Krampfadern, Venenentzündung, Herzvene, Kreislauf, Cholesterinüberschuß, Herzmuskelschwäche, Arterienverschluß am Herzen, Blutdruck zu hoch (Hypertonie)

5. Uro-, Genitalbereich

Potenzstörung, Potenzschwäche, Nebennierenunterfunktion, Nierensteine, Eileiter, Eierstöcke, Hormonhaushalt der Frau, sexuelle Steuerung (Mann), Hoden

6. Nervensystem, psychische Probleme, Drüsen, Augen

Nerven, Neurasthenie, Rückenmark, Rückenmarkerkrankung, Multiple Sklerose, Epiphyse, Thymusdrüse, Thymusunterfunktion, Basalkerne, Hypothalamus, Sympaticus-Systemstörung, Stottern, Sprachschwierigkeiten (seelisch), Konzentrationslosigkeit, Nervenverspannung, Streß, Einschlafstörungen, Fettsucht, Tablettensucht, epileptische Anfälle, Phantomschmerzen, Krampfgefühl in den Kniekehlen, Angstneurose, Neurodermitis, Gürtelrose, Augen, Hornhaut des Auges, Netzhaut, Sehzentrum, grauer Star

7. Hals-, Nasen-, Ohrenbereich, Zähne

Halserkrankung, Kehlkopf, Heiserkeit, Kehlkopf- und Stimmbänderkatarrh, Kieferentzündung, Oberkiefervereiterung, Mandelentzündung, Grippe, Abwehrkräfte stärken, Abwehrschwäche, Weisheitszahn

8. Sonstiges
Salzverlustsyndrom, Halschakra, Scheitelchakra

Keine Wirkung konnte auf Bauchspeicheldrüse und Milz festgestellt werden. Auffallend ist die Übereinstimmung mit der Hildegardmedizin (Hyazinth). Der Zirkon ist der einzige radioaktive Edelstein. Deshalb hat er auch ein großes Frequenzspektrum im negativen Bereich aufzuweisen (30 Frequenzen) und hier vor allem auf dem Gebiet kanzerogener Blockaden (Zellerneuerungssystem, gestörtes Zellwachstum, Tumore, Krebs, Melanom, Leukämie). Da die Wirkung radioaktiver Bestrahlung auf das Zellwachstum allgemein bekannt ist, muß beim Umgang mit diesem Stein zu Heilzwecken, als auch als Schmuck, zur Vorsicht geraten werden. Eine richtige Diagnose und fachkundige Behandlung ist unbedingt Voraussetzung.

Erstaunlich ist die Tatsache, daß in der Literatur hierzu bisher keine Stellungnahme zu finden ist.

Zuordnung zu Sternzeichen
Wassermann, Zwillinge, Löwe, Schütze

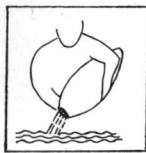 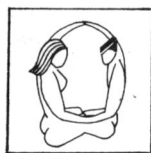  

Alphabetisches Verzeichnis
Zuordnung von Steinen zu Krankheiten

Abwehrkräfte	Aquamarin - Bergkristall
Abwehrkräfte, stärken	Amethyst - Turmalin
Abwehrschwäche	Turmalin
Abwehrzentrum	Bernstein - Citrin - Hämatit
Abszesse	Mondstein - Rhodochrosit
Adern	Amethyst - Bergkristall - Bernstein - Diamant - Lapis Lazuli - Rhodochrosit - Smaragd - Turmalin - Türkis
Aufladung, allgemein	Diamant - Edeltopas - Hämatit - Jade - Pyrit - Turmalin -Türkis
Alkoholsucht	Amethyst
Allergien	Bergkristall - Rubin - Türkis
Allergien, jeder Art	Zirkon
Anämie	Diamant - Jaspis - Karneol
Angina Pectoris	Aquamarin - Jaspis - Karneol - Türkis
Angst	Karneol - Onyx - Türkis
Angstneurose	Chrysopras - Rhodochrosit - Rosen-quarz - Rubin - Tigerauge - Zirkon
Angstzustände	Amethyst - Bergkristall -Bernstein - Citrin - Diamant - Lapis Lazuli - Rhodochrosit - Rubin - Saphir - Sma-ragd - Turmalin - Türkis
Aorta	Amethyst - Aquamarin - Beryll - Chrysolith - Diamant - Lapis Lazuli
Appetitlosigkeit	Moosachat
Armsyndrom	Amethyst
Arterien	Diamant - Smaragd - Türkis
Arterienverschluß	Hämatit - Jade - Moosachat - Opal - Pyrit - Zirkon
Arterienverkalkung	Türkis
Arthtritis	Chrysopras - Citrin - Moosachat
Arthrodynie	Amethyst - Diamant - Rhodochrosit
Arthrose	Chrysopras - Citrin - Edeltopas - Rubin Türkis - Zirkon
Asthma	Achat - Aventurin - Bernstein - Citrin Diamant - Edeltopas - Karneol - Opal - Smaragd - Rosenquarz - Pyrit - Rosenquarz - Smaragd

Atembeschwerden	Citrin - Perle
Atmungsorgane	Bernstein - Smaragd
Augen	Bergkristall - Chrysopras - Edeltopas - Moosachat - Rubin - Türkis - Zirkon
Augen, klarer sehen	Aquamarin - Beryll - Diamant - Edeltopas - Perle
Basalkern	Bernstein - Diamant - Rhodochrosit
Bandscheiben	Diamant - Rubin - Tigerauge - Türkis
Bandscheibenschaden	Aquamarin
Bandscheibenverschleiß	Bernstein - Citrin - Jaspis - Lapis Lazuli
Bandscheibenregeneration	Bergkristall
Bauchatmung	Achat - Citrin - Diamant - Türkis
Bauchspeicheldrüse	Citrin - Chrysolith - Hämatit - Lapis Lazuli - Mondstein- Onyx - Pyrit
Beine, geschwollen	Chrysopras
Beine, offen	Granat - Hämatit - Karneol - Onyx - Pyrit - Tigerauge
Beruhigung	Aquamarin
Bettnässen	Bernstein - Diamant - Edeltopas - Malachit -
Bindegewebe	Amethyst - Aquamarin - Bergkristall - Chrysopras - Zirkon
Bindegewebsschwäche	Aventurin - Chrysolith - Moosachat - Perle
Blase	Aquamarin
Blasengeschwulst	Rubin - Saphir
Blasen	Bergkristall - Malachit - Onyx
Blasen an den Füßen	Aventurin - Beryll - Rhodochrosit
Blasen, Rückbildung	Diamant - Lapis Lazuli - Turmalin - Türkis - Zirkon
Brandblasen	Aventurin - Bergkristall - Beryll - Malachit - Onyx - Rhodochrosit
Blutarmut (Anämie)	Granat - Hämatit - Heliotrop - Opal - Pyrit - Rubin - Turmalin - Türkis - Zirkon
Bluterguß, unter der Schädeldecke nach Stürzen	Achat -Edeltopas - Hämatit - Pyrit
Bluttemperatur	Bergkristall
Blutdruck, zu hoch	Aquamarin - Jade - Zirkon
Blutdruck, zu niedrig	Aventurin - Bernstein - Moosachat - Rubin - Türkis

Blutkörperchen, weiße, zu wenig	Turmalin
Blutkörperchen, zu wenig	Rubin - Saphir
Bluttemperatur, zu niedrig	Amethyst - Aventurin - Bernstein - Beryll - Edeltopas -Malachit - Onyx - Rhodochrosit -
Blutzucker, zuviel	Citrin - Lapis Lazuli
Blutverdünnung	Aquamarin
Blutversorgung	Tigerauge - Turmalin
Brechzentrum	Bernstein - Mondstein
Bronchien	Diamant
Brustentzündung	Türkis
Brustwirbelsäule	Diamant - Edeltopas - Malachit
Busen	Bernstein - Perle - Turmalin - Türkis
Busenvergrößerung	Jade
Cholesterin - Überschuß	Diamant - Moosachat - Turmalin - Zirkon
Daumen	Bernstein - Jade
Daumengelenk	Amethyst - Bernstein - Diamant - Rhodochrosit
Denkzentrum	Diamant
Depression	Citrin - Edeltopas - Jade - Rubin - Saphir - Tigerauge
Diabetes	Citrin - Chrysolit - Bernstein
Drüsen	Moosachat
Durchblutungsstörungen	Granat - Hämatit - Karneol - Lapis Lazuli - Onyx - Pyrit - Rosenquarz - Tigerauge - Türkis
Ekzem, endegenes	Aquamarin - Bergkristall - Edeltopas Rubin - Saphir - Zirkon
Ellenbogen	Amethyst - Bergkristall - Bernstein - Diamant
Ellenbogengelenk	Zirkon
Ellenbogengelenk - Arthrose	Perle
Ellenbogenentzündung	Amethyst - Smaragd
Ellenbogengelenkentzündung	Aquamarin - Aventurin - Beryll - Chalcedon - Chrysopras- Citrin - Diamant - Edeltopas - Jade - Jaspis - Karneol - Mondstein - Perle -Rosenquarz - Rubin - Turmalin - Türkis - Zirkon

Empfindungszentrum	Perle
Endokrine Drüsen, alle, Unterfunktion	Edeltopas
Eierstöcke	Amethyst - Bergkristall - Chrysopras- Edeltopas - Rubin - Turmalin - Türkis Zirkon
Eileiter	Achat - Aventurin - Bergkristall - Bernstein - Granat - Perle -Rosen - quarz - Rubin - Türkis - Zirkon
Eileiterentzündung	Bernstein - Chrysopras - Mondstein - Moosachat - Perle - Rhodonit
Einschlafstörungen	Chalcedon - Jaspis - Zirkon
Eiterpickel	Rubin
Eiterungen	Rhodochrosit
Entwässerung	Rosenquarz - Rubin - Turmalin - Türkis - Zirkon
Entwässerung, Ödeme	Aquamarin - Beryll - Jade - Mond- stein - Perle - Smaragd
Entzündungen	Jaspis - Rodochrosit - Türkis
Epilepsie	Achat - Chalcedon -Chrysopras - Chrysolith - Jaspis - Karneol - Mond- stein - Moosachat - Opal - Rosenquarz - Tigerauge - Turmalin
Epileptische Anfälle	Chrysopras - Heliotrop - Jade - Tiger- auge - Zirkon
Epiphyse	Diamant - Edeltopas - Hämatit - Jade - Mondstein - Moosachat - Pyrit - Turmalin
Erinnerungsvermögen, Zentrum des	Amethyst - Citrin - Diamant - Türkis
Facialislähmung	Citrin - Jade
Fettansatz	Mondstein - Rosenquarz
Fettgewebe, Auflösung	Heliotrop - Rosenquarz - Rubin - Smaragd - Tigerauge - Türkis Fettsucht. -Zirkon
Fieber	Amethyst - Bernstein - Karneol - Türkis
Fingernägel	Bernstein - Diamant - Granat - Kar- neol - Onyx - Perle - Rosenquarz - Rubin
Freude, Zentrum der	Edeltopas - Moosachat

Freudlosigkeit	Rhodochrosit
Frigidität	Chrysopras - Granat - Rhodochrosit - Rosenquarz - Türkis
Frustation	Jade
Frustation, weiblich	Malachit - Tigerauge
Fußnägel	Bernstein - Diamant - Granat - Karneol - Perle - Rosenquarz - Rubin
Fußpilz	Amethyst
Gebärmutter	Bernstein
Gebärmuttersenkung	Bernstein - Jade
Gebärmutterzyste	Citrin - Malachit - Moosachat
Gehörzentrum, Störung	Diamant
Gehirntumor	Chrysopras
Gelenkentzündung	Citrin - Turmalin
Gelenkschmerzen	Amethyst
Gelenkschmerzen in Handwurzel + Knie	Bernstein - Rhodochrosit - Zirkon
Genickarthrose	Bernstein - Türkis
Genicksteife mit Kopfschmerzen	Amethyst - Jaspis - Karneol - Malachit - Tigerauge
Geschlechtskrankheiten	Granat - Jaspis -Karneol
Gesichtsnervreizung	Amethyst - Rhodochrosit - Rubin
Gicht	Amethyst - Chrysopras - Diamant - Edeltopas - Jaspis - Karneol - Perle - Pyrit - Türkis
Glaskörpertrübung d. Auges	Aquamarin
Grauer Star	Aquamarin - Beryll - Chrysopras Diamant - Mondstein.- Edeltopas - Perle.- Rosenquarz - Smaragd - Turmalin - Türkis - Zirkon
Grüner Star	Chrysopras - Edeltopas - Rubin - Türkis
Grützbeutel	Chrysopras - Jaspis
Gürtelrose	Aquamarin - Jaspis - Bergkristall - Diamant - Türkis - Zirkon
Harnblasensyndrom	Karneol - Onyx - Türkis
Haarausfall	Zirkon
Haarfarbenverlust	Bernstein - Karneol
Haarwuchs	Aventurin - Chrysopras - Diamant - Heliotrop - Jade - Malachit - Moosachat - Smaragd - Turmalin- Türkis

Haarwuchs zu stark, Frauen	Bernstein - Tigerauge - Zirkon
Haarwurzeln	Bernstein - Diamant - Karneol
Halswirbel	Bergkristall
Halswirbelplatte	Chrysolith - Diamant - Rubin - Tigerauge - Türkis
Halswirbelsäule	Jade - Türkis - Zirkon
Halszentrum	Amethyst - Bernstein - Granat
Hämorrhoiden	Beryll - Diamant - Edeltopas - Türkis
Harnblase	Lapis Lazuli
Harnblasensyndrom	Bergkristall - Karneol - Onyx - Rubin - Türkis
Harnleiter	Chrysopras - Jaspis - Karneol - Rubin Tigerauge
Harnröhre	Diamant - Türkis
Harnsäurebildung	Türkis
Harnsäure, zuviel	Diamant - Pyrit - Rhodochrosit - Türkis
Harntreibend	Chrysopras - Jaspis - Karneol - Rubin - Tigerauge
Haut	Bergkristall - Bernstein - Pyrit - Rosenquarz - Turmalin
Haut, trockene	Citrin - Chrysolith - Hämatit - Lapis Lazuli - Onyx - Perle - Turmalin - Türkis
Hautallergien	Chrysopras - Zirkon
Hautflecken, Rotflecken	Mondstein
Hautkrankheiten, degenerative	Granat - Rosenquarz
Hautzentrum	Aventurin - Chrysopras - Diamant - Heliotrop - Jade - Malachit - Moosachat - Smaragd - Turmalin - Türkis
Heilungsprozess	Amethyst - Opal
Heilungsprozess, schlechter	Achat - Amethyst - Bergkristall - Bernstein - Citrin - Hämatit - Jade - Koralle - Mondstein - Opal - Perle - Türkis
Heilungszentrum	Bergkristall - Beryll - Diamant - Edeltopas -Hämatit - Heliotrop - Pyrit - Rosenquarz - Lapis Lazuli - Malachit - Perle - Rhodonit
Herzbeutelentzündung	Achat - Aquamarin - Hämatit - Pyrit
Herzinfarkt	Aquamarin - Jaspis - Karneol - Türkis

Herzkammersteuerung, links	Aquamarin
Herzkranzgefäße	Aquamarin - Jaspis - Karneol - Rhodochrosit - Zirkon
Herzkranzgefäßverengung	Jaspis - Karneol - Rhodochrosit - Zirkon
Herzkreislauf	Aquamarin - Diamant
Herzmuskel	Aquamarin - Jaspis - Karneol - Malachit - Rubin
Herzmuskelschwäche	Aquamarin - Hämatit - Jade - Onyx - Pyrit - Zirkon
Herznebensteuerung	Aquamarin - Diamant
Herzrhytmusstörung	Aquamarin
Herzscheidewand	Jaspis
Herzschwäche, links	Aquamarin - Jaspis - Karneol
Herzschwäche, rechts	Onyx
Herzsteuerung	Aquamarin - Türkis
Herztrennwandschwäche	Amethyst
Herzvene	Aquamarin - Chrysopras - Zirkon
Herzvorsteuerung	Chrysolith - Rhodochrosit - Türkis
Herzzentrum	Aquamarin - Granat - Karneol - Koralle - Rubin
Heuschnupfen	Achat - Edeltopas - Hämatit - Pyrit
Hexenschuß	Bernstein - Chrysolith - Diamant - Malachit - Perle - Rhodochrosit - Rubin-Saphir - Tigerauge - Türkis - Zirkon
Hirnhautentzündung	Amethyst - Beryll - Chrysolith - Citrin - Diamant - Lapis Lazuli
Hirntumor	Rosenquarz - Tigerauge
Hitzewellen	Amethyst - Bergkristall - Bernstein - Diamant - Lapis Lazuli - Rhodochrosit - Smaragd - Turmalin - Türkis
Hoden	Bergkristall - Karneol - Tigerauge - Turmalin - Zirkon
Hoden, Hormonhaushalt	Diamant
Hodenkrebs	Granat - Rosenquarz
Hormonhaushalt	Türkis
Hormonhaushalt , Frau	Zirkon
Hormonhaushalt, Frau - Mann	Bergkristall - Türkis
Hormonhaushalt, Mann	Diamant - Tigerauge
Hornhaut, Auge	Malachit - Perle - Rhodochrosit - Saphir - Türkis - Zirkon
Hornhaut, Rückbildung	Diamant - Lapis Lazuli - Turmalin -

	Türkis - Zirkon
Hüftgelenk	Amethyst - Aventurin - Türkis
Hüftgelenkarthrose	Bernstein - Mondstein - Moosachat - Perle - Rhodonit
Hühneraugen	Bergkristall - Moosachat - Rubin - Türkis
Hypothalamus	Amethyst - Bernstein - Diamant - Lapis Lazuli - Rhodochrosit - Saphir - Zirkon
Hypophyse	Bernstein - Chrysopras - Diamant - Perle - Rhodochrosit - Turmalin - Türkis
Hypophysenhinterlappen	Amethyst - Bergkristall - Citrin - Smaragd
Hypophysenvorderlappen	Amethyst - Bergkristall - Citrin
Insulinmangel	Citrin -Chrysolith - Lapis Lazuli
Ischias	Amethyst - Chrysopras - Chrysolith - Citrin - Diamant - Jaspis - Karneol - Lapis Lazuli - Perle - Pyrit - Rhodo-chrosit - Rosenquarz - Rubin - Sma-ragd - Tigerauge - Türkis
Kalkmangel	Aventurin - Turmalin
Kapillaren	Edeltopas - Malachit - Rubin
Kälteempfinden	Bernstein - Chalcedon - Chrysopras - Jaspis - Karneol -Türkis
Katzenallergie	Perle
Keuchhusten	Bernstein - Malachit
Kiefersperre	Karneol - Malachit - Tigerauge
Kieferentzündung	Rubin - Türkis
Kiefer + Stirnhöhle	Türkis
Kinderlosigkeit	Bernstein
Kleinhirn, Neubildung	Citrin - Diamant
Knie	Bergkristall - Bernstein - Diamant - Rhodochrosit
Kniearthritis	Amethyst - Bernstein - Diamant -
Kniearthrose	Amethyst - Bergkristall - Diamant - Rosenquarz - Turmalin
Kniegelenk	Amethyst - Zirkon
Knochenbau	Zirkon
Knochenerweichung	Amethyst - Bergkristall - Bernstein - Diamant - Rosenquarz - Turmalin

Knochengerüst	Bernstein - Diamant - Rhodochrosit - Zirkon
Knochengelenk	Bernstein - Rhodochrosit
Knochenhautentzündung	Turmalin - Türkis - Zirkon
Knochenheilung	Amethyst - Aventurin - Chalcedon - Diamant - Jaspis - Rosenquarz - Rubin - Smaragd
Knochenheilung bei Bruch	Chrysopras - Türkis
Knochenmark	Amethyst - Bernstein - Beryll - Hämatit - Heliotrop - Rubin - Smaragd - Turmalin - Türkis
Knochenmarkentzündung	Lapis Lazuli
Knochenmarkschwäche	Bernstein - Saphir - Turmalin
Knochenwucherung	Amethyst - Aquamarin - Bernstein - Diamant - Jaspis -Karneol - Malachit - Rhodochrosit - Tigerauge - Türkis - Zirkon
Knorpelbildung, in den Gelenken	Bergkristall - Turmalin
Koma	Jade
Konzentrationslosigkeit	Zirkon
Konzentrationsschwäche	Chalcedon - Karneol - Rhodochrosit-Chrysopras
Konzentrationszentrum	Chrysopras
Kopfhaut	Zirkon
Kopfhaut, obere	Beryll - Citrin - Diamant - Edeltopas - Malachit - Rubin
Kopfschmerzen,Stirn	Diamant
Körper entwässern	Aquamarin - Bergkristall - Bernstein - Chrysopras - Diamant - Edeltopas - Granat - Karneol - Lapis Lazuli - Perle - Rubin - Zirkon
Krampfadern	
Krampfgefühl in Kniekehlen	Perle - Zirkon
Kreativitätszentrum	Jade
Krebs	Jade - Tigerauge - Zirkon
Kreislauf	Lapis Lazuli - Turmalin - Türkis - Zirkon
Kreislaufstabilisierung	Lapis Lazuli
Kreuzbein	Chrysopras - Diamant - Lapis Lazuli - Rosenquarz
Kunstzentrum	Aventurin

Kurzsichtigkeit	Perle
Lebensenergie	Amethyst - Aquamarin - Bergkristall - Bernstein - Beryll - Diamant - Hämatit - Jade - Karneol - Koralle - Lapis Lazuli - Malachit - Perle - Pyrit - Rhodonit
Lebenskraft	Edeltopas - Heliotrop - Opal
Lebensmittelallergie	Chrysopras
Leukämie	Bergkristall - Smaragd - Zirkon Rosenquarz
Lebensmut	Rhodochrosit - Smaragd - Turmalin- Türkis
Lebensmut, mangelnder	Citrin - Edeltopas
Leistenbruch	Rhodochrosit
Lendenwirbel	Amethyst - Aquamarin - Bergkristall - Bernstein - Beryll - Chrysolith - Citrin - Diamant - Lapis Lazuli - Rosen - quarz - Rubin - Zirkon
Limbisches Zentrum	Aquamarin - Bernstein - Beryll - Diamant - Granat - Hämatit - Heliotrop - Jade - Karneol - Koralle - Lapis Lazuli - Malachit - Opal - Perle - Pyrit - Rhodonit - Rosenquarz -
Lippen	Aquamarin - Chrysolith - Rhodochrosit
Luftröhre	Diamant
Lumbalsyndrom	Aquamarin
Lungenblähung	Aquamarin - Beryll - Diamant - Edeltopas - Perle
Lungenentzündung	Jaspis
Lungenfibrose	Granat
Lupus	Bernstein - Turmalin
Lymphogranulomatose	Rhodochrosit
Lymphosacominum	Rubin - Türkis
Lymphe	Mondstein - Rubin
Lymphdrüsenentzündung	Aquamarin - Diamant - Rubin - Tiger - auge - Türkis
Lymphsystem	Amethyst - Aquamarin - Beryll - Citrin - Chrysolith - Diamant
Magersucht	Achat - Bernstein - Jade - Malachit - Opal - Perle - Rhodonit - Tigerauge
Melanom	Zirkon

Meniskus	Aquamarin - Diamant - Rhodochrosit - Saphir
Menstruation	Hämatit - Koralle - Lapis Lazuli - Pyrit
Migräne	Jade - Malachit
Milchdrüsen	Saphir
Milchdrüsenunterfunktion	Jaspis - Karneol - Malachit - Rosenquarz
Milz	Jade - Onyx
Mitralklappe , links	Aquamarin
Monatsbeschwerden	Bernstein - Chrysopras - Hämatit - Koralle - Pyrit
Monatszyklus	Amethyst - Bergkristall - Bernstein - Edeltopas - Hämatit - Jade - Malachit - Pyrit
Mundspeicheldrüse	Diamant - Rosenquarz - Rubin - Tigerauge - Turmalin
Multiple Sklerose	Citrin - Zirkon
Muskelaufbau	Citrin - Bernstein - Jade
Muskelkater	Amethyst - Diamant - Edeltopas - Hä - matit - Jade - Malachit - Moosachat - Pyrit - Turmalin - Türkis
Muskulatur	Bernstein - Diamant - Granat - Karneol
Muskelverstärkung	Bernstein
Muskelverspannung	Pyrit
Muskelzucken	Bergkristall - Diamant - Saphir
Müdigkeit nach dem Essen	Aquamarin
Nackenverspannung	Bergkristall - Chrysopras - Edeltopas - Rubin - Türkis -Zirkon
Nächstenliebe, Zentrum der	Amethyst - Aventurin - Chalcedon - Diamant- Jaspis - Karneol - Rosenquarz - Rubin - Saphir - Smaragd - Türkis
Nahrungsmittelallergie	Amethyst - Bernstein - Chalcedon - Chrysopras - Jaspis - Karneol - Türkis
Narbendruck durch Operation	Türkis - Zirkon
Narbenverheilung	Amethyst - Aquamarin - Bergkristall Bernstein - Beryll - Edeltopas
-	
Nebenhoden , links , Zyste	Bernstein
Nebennieren	Citrin - Karneol - Rubin - Tigerauge
Nebennieren, Unterfunktion	Malachit - Mondstein - Zirkon

Nerven	Amethyst -Bergkristall - Citrin - Diamant - Lapis Lazuli - Rhodochrosit - Smaragd - Turmalin -Türkis - Zirkon
Nerven im rechten Arm	Saphir
Nervenaufbau	Chrysopras - Diamant - Lapis Lazuli
Nervenentzündung	Amethyst - Chrysopras - Citrin - Diamant - Jade - Rosenquarz - Tigerauge
Nervensystem	Amethyst - Aquamarin - Diamant - Hämatit - Jade - Moosachat - Pyrit - Rhodochrosit - Turmalin
Nervensystem, vegetatives	Türkis
Nervenstärkung	Chrysopras - Diamant - Lapis Lazuli - Rosenquarz -
Nervenverspannung	Zirkon
Netzhaut	Rubin - Türkis
Neurodermitis	Bergkristall - Chrysopras - Edeltopas - Rubin - Türkis - Zirkon
Nervenzentrum	Edeltopas
Neurasthenie	Bergkristall - Zirkon
Netzhaut, Steuerung	Diamant
Nieren	Bergkristall - Jaspis - Karneol - Onyx
Nierenbeckenentzündung	Bergkristall - Jaspis - Karneol - Onyx
Nierenschrumpfung	Bernstein - Beryll - Citrin - Chrysolith - Jade - Smaragd
Nierensteine	Aquamarin - Karneol - Malachit - Moosachat - Rubin - Smaragd -Zirkon
Nierensteine, Zertrümmerung	Karneol - Malachit - Rubin
Nierensteinauflösung	Citrin - Karneol - Rubin - Tigerauge
Nierenzysten, Auflösung	Granat - Jaspis - Karneol
Oberkiefervereiterung	Aquamarin - Hämatit - Opal - Pyrit - Rubin - Türkis
Ödeme	Chrysopras - Diamant - Edeltopas - Rosenquarz - Rubin - Turmalin - Türkis - Zirkon
Ohrspeicheldrüse	Rubin - Türkis
Orgasmusschwäche, Mann	Karneol
Osteochondrose	Citrin - Diamant - Perle
Osteoporose	Smaragd
Ostitis	Amethyst - Chrysopras - Turmalin
Parkinson	Amethyst - Aventurin - Bergkristall -

Penis	Bernstein - Chalcedon - Citrin - Diamant - Rosenquarz - Turmalin Chrysopras
Phantomschmerzen	Bergkristall - Diamant - Lapis Lazuli - Turmalin - Türkis
Pigmentbildung	Jaspis - Karneol
Pilzinfektion	Granat - Jaspis
Pilzinfektion im Unterleib	Karneol
Plasmozytom	Bernstein - Karneol - Tigerauge
Polyarthritis	Bergkristall - Chrysopras - Diamant - Edeltopas - Jade -.Rosenquarz - Rubin - Türkis - Zirkon
Polypenrückbildung	Citrin - Opal - Türkis
Potenzschwäche	Achat - Aventurin - Bergkristall - Chrysopras - Granat - Hämatit - Heliotrop - Jade - Jaspis - Karneol - Malachit - Mondstein - Moosachat - Opal - Perle - Pyrit - Rhodochrosit - Rosenquarz - Rubin - Turmalin - Türkis - Zirkon
Potenzstörung	Aventurin - Diamant - Hämatit - Heliotrop - Moosachat - Perle - Smaragd - Zirkon
Prostata	Achat - Amethyst - Bergkristall - Diamant - Hämatit - Pyrit - Türkis
Prostataentzündung	Diamant - Türkis
Psychische Probleme	Diamant - Moosachat
Raucherbein	Citrin - Edeltopas - Hämatit - Pyrit - Zirkon
Raucherentwöhnung	Diamant - Tigerauge - Türkis
Regeneration der Nerven	Amethyst - Chrysopras - Citrin - Rosenquarz - Rubin - Tigerauge
Reizhusten	Citrin - Perle
Rheuma	Amethyst - Bergkristall - Bernstein - Chrysopras - Chrysolith - Citrin - Diamant - Jaspis - Karneol - Malachit - Moosachat - Perle - Pyrit - Rhodochrosit - Rubin - Saphir - Smaragd - Türkis - Zirkon
Rheuma in den Füßen	Amethyst - Bernstein - Beryll -

	Diamant - Hämatit - Heliotrop - Jade - Karneol - Koralle - Lapis Lazuli - Malachit - Opal - Perle - Pyrit - Rhodonit
Rheuma im Knie	Chrysopras
Rheumaknoten	Chrysopras
Rheuma im Lendenbereich	Chrysopras - Diamant -Lapis Lazuli - Rosenquarz
Rheuma im Nacken	Chrysopras - Edeltopas
Rippenfell	Amethyst - Citrin - Diamant - Malachit - Pyrit - Rubin -Türkis
Rippenfellentzündung	Aquamarin - Malachit - Pyrit - Rubin - Türkis
Rückenmark	Malachit - Perle - Rhodochrosit - Saphir - Türkis - Zirkon
Rückenmarkerkrankungen	Bergkristall - Zirkon
Salzverlustsyndrom	Chrysopras - Edeltopas - Mondstein - Zirkon
Sauerstoffversorgung	Bernstein - Hämatit - Karneol - Onyx - Pyrit - Smaragd - Tigerauge - Turmalin
Sauerstoffversorgung des Blutes	Tigerauge - Turmalin
Sauerstoffversorgung, mangelhaft	Turmalin - Amethyst
Scheide	Bernstein
Schilddrüsenunterfunktion	Achat - Diamant - Rhodonit
Schizophrenie	Diamant - Rubin - Turmalin - Türkis
Schlafstörungen	Diamant - Edeltopas - Lapis Lazuli - Rhodochrosit - Smaragd - Turmalin - Türkis
Schleimbeutelentzündung	Bergkristall - Jaspis - Karneol - Onyx
Schleimhautentzündung	Chrysopras - Jaspis - Karneol - Türkis
Schließmuskelerschlaffung	Aquamarin - Rosenquarz
Schluckauf	Amethyst
Schnarchen	Edeltopas
Schneidezahnentzündung	Rubin
Schulterarmsyndrom	Amethyst - Bergkristall - Bernstein - Chrysopras - Edeltopas - Diamant - Rhodochrosit - Rosenquarz - Rubin - Saphir - Turmalin - Türkis - Zirkon
Schultergelenk	Bergkristall - Bernstein - Diamant -

	Granat - Karneol - Perle - Rosenquarz - Rubin
Schultersyndrom	Amethyst
Schuppen, Kopfhaut	Zirkon
Schuppenflechte	Aquamarin - Bergkristall - Bernstein - Edeltopas - Jaspis - Karneol - Lapis Lazuli - Malachit
Schweißabsonderung	Chalcedon
Schweißtreibend	Aventurin - Chalcedon - Jaspis - Karneol - Rubin -Smaragd - Türkis
Schwierigkeiten beim Lesen	Amethyst
Schwierigkeiten beim Rechnen	Amethyst
Schwierigkeiten beim Schreiben	Amethyst - Citrin
Schwindelgefühl	Chrysopras
Schwitzen	Karneol - Rosenquarz
Schwitzen , übermäßig	Chrysopras - Beryll - Diamant
Sehnen	Diamant - Rosenquarz - Saphir - Türkis
Sehnenscheidenentzündung	Diamant - Rosenquarz - Rubin - Saphir - Tigerauge - Turmalin - Türkis
Sehnenschwäche	Bernstein - Mondstein - Pyrit
Sehnenzerrung	Diamant
Sehnervreizung	Diamant - Smaragd - Türkis
Sehstörung	Chrysopras - Edeltopas
Sehzentrum	Diamant - Edeltopas - Granat - Hämatit - Heliotrop - Jaspis - Karneol - Turmalin - Türkis - Opal - Pyrit - Rubin - Zirkon
Selbstsicherheit	Aventurin - Bernstein -Jade - Moosachat - Onyx
Selbstverantwortungsbewußtsein,Verlust	Lapis Lazuli - Pyrit
Sexualtrieb	Aquamarin
Sexualtrieb, Steigerung	Chrysolith - Rhodochrosit - Türkis
Sexualzentrum	Aventurin - Bernstein - Chrysolith - Diamant - Karneol - Rhodochrosit - Tigerauge
Sexuelle Erregung, Frau	Bernstein - Jade - Malachit - Opal - Tigerauge
Sexuelle Steuerung, Frau	Citrin
Sexuelle Steuerung, Mann	Bergkristall - Karneol - Zirkon

Sexuelle Steuerung, Frau, Mann	Tigerauge
Sonnenbrand	Beryll - Diamant - Edeltopas - Perle
Sprachzentrum, Störung	Aquamarin - Bernstein - Karneol - Rosenquarz - Türkis - Tigerauge
Sprachschwierigkeiten n. Schlaganfall	Amethyst - Citrin
Sprachschwierigkeiten, seelisch	Zirkon
Spielsucht	Diamant
Stauballergie	Moosachat
Stirnknochen	Amethyst - Granat - Zirkon
Stirnkopfschmerzen	Beryll - Citrin - Diamant - Topas - Malachait - Rubin
Stottern	Aquamarin - Zirkon
Streß	Diamant - Türkis - Zirkon
Sudeck´sche Atrophie	Onyx
Sucht	Tigerauge
Suchtkrankheit	Bergkristall - Diamant
Sympaticus	Smaragd
Sympaticus System	Mondstein
Sympaticus-Systemstörung	Bernstein -Edeltopas - Jade - Turmalin -Türkis - Zirkon
Sympaticus/Vagus	Amethyst - Bergkristall - Bernstein - Citrin - Diamant - Lapis Lazuli - Rhodochrosit - Turmalin - Türkis
Tablettensucht	Amethyst - Granat - Zirkon
Taubheitsgefühl der Zunge	Diamant
Thalamus	Aquamarin - Chrysolith - Citrin - Mondstein - Rhodochrosit - Türkis
Tapferkeit	Jade - Türkis - Saphir
Thrombose	Aquamarin
Tiefschlaf	Edeltopas - Jade - Tigerauge
Trauer, Zentrum der	Aquamarin - Beryll - Diamant - Edeltopas - Perle
Traurigkeit, chronisch	Aquamarin
Tränenbildung, mangelhaft	Citrin - Hämatit - Opal - Pyrit - Türkis
Tränendrüse	Bernstein
Trigeminusnerv	Amethyst - Diamant - Edeltopas - Hämatit - Jade - Moosachat - Pyrit - Turmalin - Türkis

Trigeminusneuralgie	Lapis Lazuli
Tumor, gutartig	Aquamarin - Turmalin
Thymusdrüse	Citrin - Jade - Mondstein - Perle - Rosenquarz - Rubin - Smaragd - Türkis - Zirkon
Thymusdrüse, Unterfunktion	Aquamarin - Chrysopras - Citrin - Diamant - Edeltopas - Turmalin -Zirkon
Unruhe, Innere	Achat - Bernstein - Citrin - Mondstein - Opal - Saphir
Unterarmsyndrom	Achat - Aventurin - Chalcedon
Unterkörper, Teillähmung	Karneol - Rosenquarz
Unterfunktion,aller eudokrinen Drüsen	Bernstein - Edeltopas
Überempfindlichkeit über Reizzonen	Türkis
Urinretention	Diamant
Vagus	Amethyst - Bergkristall - Smaragd
Vagusanregung	Bernstein - Citrin - Jaspis - Lapis Lazuli
Venenentzündung	Bergkristall - Bernstein - Chrysopras - Granat - Perle - Rosenquarz - Rubin - Zirkon
Venenthrombose	Chrysopras
Verantwortungsbewußtsein Zentrum	Diamant - Hämatit - Koralle - Rosenquarz
Verklemmung	Aventurin - Bernstein - Jade -Moos - achat - Onyx
Vorhaut	Chrysopras - Jaspis - Karneol - Rhodochrosit - Türkis
Warzen	Amethyst - Bernstein - Chalcedon - Chrysopras - Moosachat - Pyrit - Rosenquarz - Rubin - Türkis
Wärmeempfinden	Bernstein - Chalcedon - Chrysopras - Jaspis - Karneol - Türkis
Wärmehaushalt, gestört	Amethyst
Wetterfühligkeit	Diamant - Citrin - Granat - Onyx - Perle - Rubin - Saphir - Turmalin
Wetterfühligkeit bei Knochenbrüchen	Aquamarin
bei Splitterbruch	Achat - Hämatit - Pyrit

Weitsichtigkeit	Achat - Aventurin - Malachit
Wille	Diamant - Türkis
Wirbelsäule	Bergkristall - Chrysolith - Diamant - Rosenquarz - Rubin - Saphir - Tigerauge - Türkis
Wirbelsäulenverkrümmung	Jaspis - Karneol - Rosenquarz
Wirbelsäulenverschleiß	Turmalin
Wundfieber	Amethyst - Rosenquarz - Zirkon
Zahnfleischentzündung	Aquamarin - Beryll - Edeltopas
Zehennägel	Chrysopras - Jaspis - Rhodochrosit - Türkis
Zeitzentrum	Amethyst - Diamant - Hämatit - Jade - Pyrit - Turmalin
Zellalterungsstörung	Aquamarin - Citrin - Chrysopras - Zirkon
Zellerneuerung der Haut	Aquamarin - Citrin - Jade - Jaspis - Karneol -Zirkon
Zellerneuerung der Knochen	Aquamarin - Beryll - Chrysopras - Citrin - Diamant - Jade - Perle - Rubin - Smaragd - Turmalin - Zirkon
Zellerneuerung der Organe	Amethyst - Chrysopras - Rosenquarz - Rubin - Tigerauge
Zellerneuerung, Krebs	Jade - Tigerauge - Zirkon
Zellerneuerung, Nerven	Rubin - Türkis
Zellerneuerung, Tumor	Jade - Tigerauge -Türkis - Zirkon
Zellerneuerung, Tumor, gutartig	Aquamarin - Turmalin
Zellregeneration	Aquamarin - Onyx
Zellulitis	Granat
Zellwucherung	Jade - Tigerauge - Zirkon
Zerebraldystonie	Aquamarin - Onyx
Zerebralatrophie	Amethyst - Rubin - Türkis
Zervikalsyndrom	Aquamarin
Zirbeldrüse	Amethyst - Beryll - Malachit - Türkis
Zungenlähmung	Citrin
Zwerchfell	Citrin - Mondstein
Zwischenwirbelscheiben, Degeneration	Diamant - Perle - Smaragd
Zyste im Busen	Diamant - Tigerauge
Zyste an Hüftgelenkprothese	Zirkon

Chakras

Alle Chakras	Diamant
Bauchchakra (siehe auch Milzchakra)	Bernstein - Karneol - Rhodochrosit
Halschakra	Amethyst - Aquamarin - Edeltopas - Granat - Hämatit - Heliotrop - Jaspis - Karneol - Pyrit - Rubin - Saphir - Turmalin - Türkis - Zirkon
Herzchakra	Aventurin - Heliotrop - Jade - Mala- chit - Moosachat - Opal - Smaragd - Turmalin - Türkis
Milzchakra (siehe auch Bauchchakra)	Aventurin - Chrysolith - Karneol - Rhodochrosit - Tigerauge
Nabelchakra	Citrin - Türkis
Scheitelchakra	Amethyst - Bergkristall - Bernstein - Rhodochrosit - Zirkon
Stirnchakra (Drittes Auge)	Amethyst - Beryll - Chrysolith - Citrin - Lapis Lazuli
Wurzelchakra	Bernstein - Granat - Karneol - Rubin

Zuordnung der Edelsteine zu Sternzeichen

Für die Zuordnung von Edelsteinen zu Sternzeichen gibt es keine natur-wissenschaftlich belegbaren Gründe. In der einschlägigen Literatur ist auch kein plausibles diesbezügliches Ordnungssystem zu erkennen. Der Vollständigkeit halber wurden die Literaturangaben ausgewertet und alle unter den jeweiligen Tierkreiszeichen aufgeführten Edelsteine aufgelistet. Eine fundierte Empfehlung ist hiermit nicht verbunden.

Steinbock
22.12.-20.01
Amethyst - Chrysopras - Citrin - Diamant - Edeltopas - Lapis Lazuli - Malachit - Opal - Onyx - Rhodonit - Rubin - Saphir - Turmalin

Wassermann
21.01. - 19.02
Amethyst - Aquamarin - Aventurin - Bernstein - Granat - Jade - Jaspis - Lapis Lazuli - Koralle - Mondstein - Onyx - Opal - Saphir - Turmalin - Türkis - Zirkon

Fische
20.02 - 20.03.
Achat - Amethyst - Aquamarin - Chrysolith - Chrysopras - Diamant - Jaspis - Koralle - Mondstein - Opal - Saphir - Topas

Widder
21.03. -20.04.
Achat- Amethyst - Bernstein - Bergkristall - Chalcedon - Diamant - Edeltopas - Granat - Hämatit - Heliotrop - Karneol - Koralle - Mala-chit - Moosachat - Opal - Onyx - Perle - Rhodochrosit - Rhodonit - Rubin - Saphir - Türkis

Stier
21.04. - 20.05
Achat - Amethyst - Aquamarin - Chrysopras - Diamant - Jade - Karneol - Lapis Lazuli - Malachit - Mondstein - Pyrit - Rhodonit - Rhodochrosit - Rosenquarz - Saphir - Smaragd - Turmalin

Zwillinge
21.05. - 21.06.
Achat - Aquamarin - Bernstein - Beryll - Chalcedon - Citrin -
Edeltopas - Granat - Jade - Karneol - Mondstein - Moosachat -
Smaragd - Tigerauge - Topas - Turmalin - Türkis - Zirkon

Krebs
22.06. - 22.07
Amethyst - Aventurin - Chalcedon - Chrysopras - Jade - Jaspis
Karneol - Koralle - Malachit - Mondstein - Moosachat - Opal - Perle -
Pyrit - Rodochrosit - Rosenquarz - Rubin - Saphir - Samaragd

Löwe
23.07. - 23.08.
Achat - Bernstein - Bergkristall - Citrin - Diamant - Edeltopas -
Lapis Lazuli - Tigerauge - Turmalin - Zirkon

Jungfrau
24.08. - 23.09.
Achat - Aquamarin - Beryll - Bernstein - Citrin - Chrysolith - Granat -
Hämatit - Jaspis - Karneol - Magnetit - Opal - Smaragd - Tigerauge -
Topas

Waage
24.09. 23.10.
Aquamarin - Aventurin - Beryll - Chrysopras - Citrin - Diamant -
Edeltopas - Jade - Koralle - Lapis Lazuli - Malachit - Mondstein -
Opal - Saphir - Smaragd

Skorpion
24.10. - 22.11.
Amethyst - Edeltopas - Granat - Hämatit - Jaspis - Karneol - Koralle -
Moosachat - Onyx - Rhodochrosit - Rhodonit - Rubin - Turmalin

Schütze
23.11. - 21.12.
Aventurin - Bernstein - Chalcedon - Chrysolith - Lapis Lazuli - Saphir
- Topas - Turmalin - Türkis - Zirkon

Literaturverzeichnis

Weizsäcker, Carl Friedrich von,
„Der Garten des Menschlichen",
Fischer Taschenbuch Verlag

Weizsäcker, Carl Friedrich von,
„Aufbau der Physik", Hanser
Verlag

Schrödinger, Erwin
„Was ist Leben", Piper Verlag

Schmidt, Paul
„Symphonie der Lebenskräfte",
Rayonex Strahlentechnik, Lenne-
stadt

Strzempa-Depré, Michael
„Die Physik der Erleuchtung",
Goldmann Verlag

Charon, Jean E.
„Der Geist der Materie",
Ullstein Verlag

Charon, Jean E.
„Der Sündenfall der Evolution",
Ullstein Verlag

Capra, Fritjof
„Der kosmische Reigen" (Das
Tao der Physik), Otto Wilhelm
Barth Verlag

Lakhovsky, Georges
„Das Geheimnis des Lebens",
VGM Verlag für Ganzheitsmedizin

Palmer, Magda
„Die verborgene Kraft der Kri-
stalle und der Edelsteine",
Heyne Verlag

Hertzka, Dr. Gottfried
„Die Edelsteinmedizin der heili-
gen Hildegard", Hermann Bauer
Verlag

Klinger-Raatz, Ursula
„Die Geheimnisse edler Steine",
Windpferd Verlag

Medenbach, Olaf
„Mineralien", Steinbachs Naturführer, Mosaik Verlag

Prof. Dr. Brauns, R.
„Mineralogie" (Sammlung Gö-
schen), Walter de Gruyter und Co
Verlag

Börner, Rudolf
„Welcher Stein ist das?",
Kosmos Naturführer, Frank'sche
Verlagshandlung

Lopes, Elke
„Esoterische Steinheilkunde"
Band I und II, Siddharta Kristall-
healing-Center, Ovelgönne-
Strückhausen

Schinke, Irene
„Die Heilwirkung der Edelsteine", Kaarst

Raphael, Katrina
„Wissende Kristalle",
Ansata Verlag

„Rayocomp PS 1000
Universeller Hochleistungs-Bio-
resonator für integrale Schwin-
gungstherapie, sichere Diagnosen,
präzise Analysen",
Rayonex Wellentechnik GmbH
Lennestadt

„Sanotron-Wertetabelle",
Rayonex Wellentechnik GmbH,
Lennestadt

Brauner, Doris
„Krankmacher Schwermetalle",
Ariston Verlag

Herbert L. König
„Unsichtbare Umwelt"
Der Mensch im Spielfeld elektro-
magnetischer Feldkräfte,
Eigenverlag Herbert L. König,
München

Angerer, Hartmann, König, Purner, Schmitz-Petri, Ott
„Mensch, Wünschelrute, Krankheit", M & T Verlag, St. Gallen/
Zürich

Werner Bohm
„Chakras", Otto Wilhelm Barth
Verlag

Jörg Purner
„Radiästhesie - ein Weg zum
Licht?"
Edition Astrodata, Wettswil

Herbert Pietschmann
„Das Ende des naturwissen-
schaftlichen Zeitalters"
Ullstein Verlag

Aktiv und gesund durch die magischen Qigong-Kugeln

Dieses Buch ist als sorgfältige, umfassende und doch knappe Einführung in die Thematik der chinesischen Qigong-Kugeln gedacht. Immer mehr Menschen entdecken den eigenartigen Reiz dieser magischen Heilkugeln. Was können sie bewirken? Wie setzt man sie wirkungsvoll ein? Höting erläutert nicht nur die Geschichte der chinesischen Qigong-Kugeln, sondern erklärt ausführlich die Übungsziele und Wirkungsweisen.

Höting, Hans: **Aktiv und gesund durch die magischen Qigong-Kugeln aus China.** Zahlreiche schwarz- weiß Zeichnungen, 48 Seiten, ISBN 3-88778-182-1.

Lachen als Medizin

Lachen ist so wichtig!
Lachen wälzt die Steine von der Seele und läßt uns wieder atmen. Lachen ist die sichtbargemachte Fröhlichkeit des Herzens. Lachen ist gleichzeitig auch die beste Medizin. Erfolgsautor Hans Höting beschreibt nicht nur heitere Anekdoten aus seinem Praxisalltag. Gleichzeitig gibt er auch einen Funken Hoffnung weiter, daß es mit Humor letztendlich besser geht.

Höting, Hans: **Lachen als Medizin.** Besinnliches und Heiteres aus der Naturheilpraxis.
Mit lustigen Zeichnungen von Heinz Zentner, 72 Seiten, ISBN 3-88778-190-2.

Die Heilkraft der Gedanken

Gedanken sind eine gewaltige Macht und können uns helfen auf dem Pfad zum Glücklichsein. Unser Inneres schafft die Voraussetzungen für unsere äußeren Lebensbedingungen. In diesem Buch werden die Möglichkeiten der Selbstheilung aus eigener Geisteskraft angesprochen - theoretisch und anhand praktischer Übungen. Die Übungen dienen dazu, die eigene geistige Heilkraft zu nutzen, um die Gesundheit zu erhalten oder sie in kranken Tagen wieder zu erreichen. Das Buch verhilft dem Leser zu einer positiven Lebenseinstellung und eröffnet dadurch neue Perspektiven. Die humorvolle und anschauliche Sprache des Autors machen das Buch zum Lesevergnügen.

Höting, Hans: **Die Heilkraft der Gedanken.** Kartoniert, 232 Seiten, ISBN 3-88778-194-5.

Die Heilenergie der Edelsteine

Die Faszination, die von edlen Steinen ausgeht, ist seit Jahrtausenden ungebrochen. Sie waren schon immer ein Zeichen für Unvergänglichkeit, Träger geheimer Kräfte und Symbole. Der Autor gibt Antworten und präzise Anwendungsanleitungen.

Die 39 bekanntesten Edelsteine werden anhand ihrer wichtigen mineralogischen Klassifizierungsmerkmale vorgestellt. Die Steine wurden bezüglich ihrer möglichen Heilwirkung mit Hilfe der "Resonanzmeßmethode" untersucht. Die ermittelten Anwendungsbereiche sind aufgelistet.

Vorreiter, Gunther: **Die Heilenergie der Edelsteine.** Versuch einer naturwissenschaftlichen Deutung und Untersuchung. Vierfarbige Fotos, kartoniert, 192 Seiten, ISBN 3-88778-192-9.

Die Heilkraft der Meditation

Eine praktische Anleitung zum richtigen Erlernen meditativer Übungen. Das Buch zeigt die wichtigsten Hilfen in der Meditationspraxis und ist für Einsteiger konzipiert, die die häufigsten Fehler vermeiden möchten. Die gewählte Art der Meditation geht auf die Lehre des berühmten Gautama Buddha (um 560 bis 480 v.Chr.) zurück. Das schon damals im Prinzip genauso angewandte Verfahren wurde auch durch die neuesten wissenschaftlichen Erkenntnisse unserer Zeit noch nicht eingeholt.

Nägele, Horst: **Die Heilkraft der Meditation.** 52 S., ISBN 3-88778-193-7.

Die Heilkraft der Massage

Die Yoga Sikichai Gesundheitsmassage ist in Indien zu Hause, wo sie der Autor kennen und schätzen gelernt und die einzelnen Handgriffe aufgezeichnet hat, wie sie ihm vermittelt wurden. Allgemein verständlich werden mit den doku-

mentarischen Aufzeichnungen eines alten Wissens aus erster Hand Fingerzeige gegeben, die sich der erfahrene Praktiker, wie der interessierte Laie zu nutze machen können.

Nägele, Horst: **Die Heilkraft der Massage.** 52 S., ISBN 3-88778-191-0.

Die Vielfalt Edler Steine

Eine schnelle Übersicht über alle im Welthandel befindlichen Edelsteinarten. Dem Laien soll dieses Buch nützlich, dem Fachhandel eine verkaufsfördernde Hilfe sein.

Schelhas, Dietrich: **Die Vielfalt Edler Steine.** Handbuch für Fachleute und Sammler. Kartoniert, 212 S., ISBN 3-88778-196-1.

Frei für Ihre Notizen